Worauf es ankommt

Ein Katechismus

Von Wilfried Härle
in Verbindung mit Klaus Engelhardt,
Gottfried Gerner-Wolfhard und
Thomas Schalla

Mit einem Geleitwort von Christian Schad

EVANGELISCHE VERLAGSANSTALT
Leipzig

Bibliographische Information der Deutschen Nationalbibliothek
Die Deutsche Nationalbibliothek verzeichnet diese Publikation in der
Deutschen Nationalbibliographie; detaillierte bibliographische Daten
sind im Internet über http://dnb.dnb.de abrufbar.

Gefördert durch die Evangelisch-Lutherische Kirche in Norddeutschland

Covermotiv: pixabay.com
Gestaltung und Satz: Anja Haß
Druck und Binden: GRASPO CZ, a. s., Zlín

ISBN 978-3-374-05324-7
www.eva-leipzig.de

Inhalt

Geleitwort

Der christliche Glaube vertraut der Botschaft, die Jesus Christus verkündet. Er sagt nicht nur Ja, sondern lebt existenziell das Ja-Wort, das Gott in Jesus Christus gesprochen hat. Glaube ist Vertrauen, aber kein blindes, sondern ein Vertrauen, das gehört und verstanden hat, das seine Gründe kennt und darüber Auskunft geben kann. Vertrauen ist persönlich. Es kann sich zwar anlehnen an das Vertrauen anderer, daraus entstehen und daran wachsen. Aber es kann dadurch nicht ersetzt werden: Wer als Christ glaubt, muss selbst die Botschaft von Jesus Christus hören, sie verstehen und von ihr Rechenschaft ablegen können.

Weil der Glaube im Mittelpunkt stand, der als Vertrauen in die Botschaft von Jesus Christus die Gnade Gottes empfängt, deshalb lag den Reformatoren so sehr am verstehenden Glauben – und an den Medien, die das Verstehen des Glaubens ermöglichen und stärken: an der Predigt, die das Evangelium im aktuellen Kontext zuspricht; an den Liedern, durch die sich, indem sie gesungen werden, der Glaube persönlich vertieft; am Katechismus, in dem das Wesentliche, was der Glaube aus dem Evangelium wissen kann und soll, in gut zu lernender und zu behaltender Form zusammengefasst ist.

Die geeignete Form, in der das Glaubenswissen gelernt und behalten werden konnte, war für die Reformatoren die

Form von Frage und Antwort. Im Kleinen Katechismus Martin Luthers werden die sogenannten fünf „Hauptstücke" – Zehn Gebote, Glaube (= das Apostolische Glaubensbekenntnis), Vaterunser, das Sakrament der Heiligen Taufe und das Sakrament des Altars oder das Heilige Abendmahl – durch ganz schlichte Fragen („Was ist das?" „Wie geschieht das?" usw.) und die elementare Beantwortung dieser Fragen erklärt. So wird ein sachgemäßes Verstehen des Evangeliums angeleitet und auf Dauer gestellt. Auch der reformierte Heidelberger Katechismus arbeitet in der Form von Frage und Antwort. Nachdem er mit der existenziellen Kernfrage „Was ist dein einziger Trost im Leben und im Sterben?" eingesetzt und sie grundlegend mit der Zugehörigkeit zu Jesus Christus beantwortet hat („dass ich … nicht mein, sondern meines getreuen Heilands Jesu Christi eigen bin"), führen Frage und Antwort 2 auf das Design des Heidelberger Katechismus: „Was musst du wissen, damit du in diesem Trost selig leben und sterben kannst? – Erstens: wie groß meine Sünde und mein Elend ist. Zweitens: wie ich von allen meinen Sünden und Elend erlöst werde. Drittens: wie ich Gott für solche Erlösung soll dankbar sein." In diesem Schema von Erlösungsbedürftigkeit, -vollzug und -wirklichkeit entfaltet der Heidelberger Katechismus in insgesamt 129 Fragen und Antworten das christliche Glaubenswissen und erklärt dabei auch die fünf Grundtexte, die bei Martin Luther „Hauptstücke" heißen.

Frage und Antwort! Wer fragt hier, und wer antwortet? Ursprünglich ist es das neugierige Kind, das fragt, und es sind Mutter und Vater, die antworten – und die mit den Antworten die Wissbegier keineswegs stillen, sondern weitere Fragen provozieren. Oder es ist die wissbegierige Schülerin, die den Lehrer fragt, und es ist der wissbegierige Schüler, der sich mit der Antwort der Lehrerin nicht begnügt, sondern weiterfragt. So verhält es sich auch bei der

Konstellation, aus der vor einigen Jahren die Kirchentagslosung gewonnen wurde: „Wenn dein Kind dich fragt …" (vgl. *5. Mose 6,20*). Ebenso riefen die „Antworten" des zwölfjährigen Jesus im Tempel, über die sich „alle, die ihm zuhörten, verwunderten" (*Lukas 2,47*), eindringliche Nachfragen hervor.

Bei den Katechismen nun sind die Rollen gegenüber der ursprünglichen Konstellation eigentümlich vertauscht. Hier sind es die Hausväter, die die Fragen stellen, und es sind die Kinder, die die möglichst auswendig zu lernenden Antworten geben. Die Lehrer hören die Schüler, die Pfarrer hören die „Katechumenen" bzw. Konfirmanden ab. Die Frage- und Antwortform der Katechismen ist gegenüber der ursprünglichen Situation, die in der Wissbegier der Jungen wurzelt, eine sekundäre, eine pädagogisch stilisierte Form des Dialogs. Die Fragen sind die Fragen, die die Jungen nach dem Willen der Alten möglichst stellen sollten, und die Antworten enthalten das Wissen des christlichen Glaubens, das die Alten den Jungen, die Eltern ihren Kindern, die Lehrpersonen ihren Schülerinnen und Schülern, die Pfarrerinnen und Pfarrer ihren Konfirmandinnen und Konfirmanden weiterzugeben haben.

Das Wissen des christlichen Glaubens weitergeben! Von diesem Anliegen beseelt, haben der evangelische Theologieprofessor Wilfried Härle und einige Mitstreiter aus der Badischen Landeskirche einen neuen Katechismus verfasst und dabei die alte pädagogische Stilisierung von Frage und Antwort wiederaufleben lassen. In 180 Fragen, verteilt auf zehn Kapitel, legt dieser Katechismus dar, was der christliche Glaube, reformatorisch verstanden, zu verstehen gibt. Mit der Wahl der Frage-Antwort-Form wird die uralte gattungsgeschichtliche Erinnerung aufgerufen, dass der christliche Glaube – als das persönliche Vertrauen auf das Wort Gottes, das Jesus Christus in Person ist – ein Wissen einschließt, das erfragt und behaltbar dargelegt, das gelernt und in Situationen der Bewährung zur Verfügung stehen und abgerufen werden kann: Glaubenswissen als Katechismuswissen.

„Worauf es ankommt" lautet der Titel dieses Katechismus. Die erste Frage nimmt den Titel programmatisch auf: „Worauf kommt es im Leben an?" Die erste Antwort lautet: „Es kommt darauf an, unser Leben mit all seinen Höhen und Tiefen als Gabe zu verstehen und anzunehmen." Und die letzte, die 180. Frage, fragt im Rückbezug auf die paulinische Trias „Glaube, Hoffnung, Liebe": „Kommt es im Leben und im Sterben also letztlich vor allem darauf an?" Antwort: „Ja, *darauf* kommt es an." Aus der Frage, „worauf es ankommt", erwächst wie aus einem Keim dieser Katechismus. Er fragt zunächst nicht explizit nach Gott, und in seinen Antworten ist von Gott sowohl ausdrücklich als auch eher implizit die Rede, indem sie, wie sich erst noch herausstellen wird, die Lebenseinstellung von Menschen beschreiben, die auf das Evangelium hin, das sie gehört haben, Gott vertrauen.

„Worauf kommt es im Leben an?" Die so vorgegebene Ausgangsfrage des Katechismus darf den Anspruch erheben, dass alle Menschen heute so fragen könnten, d. h. dass sie, ob sie nun diese Frage so oder ähnlich tatsächlich stellen oder nicht, darauf ansprechbar sind – und eine Antwort, praktisch gelebt oder theoretisch reflektiert, immer schon gegeben haben. Diese Eigenschaft, eine existenzielle Grundfrage zu sein, erweist sie als eine moderne, von „Gott" methodisch zunächst absehende Variante der Frage 1 des Heidelberger Katechismus oder auch der für Luthers Theologie grundlegenden Frage im Großen Katechismus: „Was heißt einen Gott haben oder was ist Gott?"

Dieser Katechismus stellt sich somit formal und inhaltlich in die Tradition reformatorischer Katechismen, genauer: in die Tradition unierter Katechismen. Er belegt mit großer Selbstverständlichkeit, dass das Wissen des reformatorisch verstandenen Glaubens auch ohne die binnenevangelische Differenzierung in „lutherisch" und „reformiert" zureichend dargelegt werden kann. In den Verständigungsbemühungen, die mit der Leuenberger Konkordie 1973 an einen segensreichen Zielpunkt gelangt sind, haben wir gelernt – und anlässlich des 200-jährigen Jubiläums der preußischen Union 2017 wieder stark betont –, dass „Union" nicht eine Fusion der Konfessionen bedeuten muss, sondern durchaus auch das lutherische oder reformierte Profil schärfen kann. Der vorliegende Katechismus, der im 200. Jubiläumsjahr der pfälzischen Union sowie im Vorblick auf das badische Unionsjubiläum 2021 erscheint, schmälert den Reichtum reformatorischer Vielfalt nicht, erinnert aber an den evangelischen Grundkonsens, der der konfessionellen Pluralität zugrunde liegt und der uns – mit dem Titel der Kundgebung der Vollkonferenz der UEK aus dem Jahr 2016 gesagt – „gemeinsam evangelisch" sein lässt.

So wünsche ich diesem Katechismus interessierte Leserinnen und Leser. Er hat sein Ziel dann erreicht, wenn wir gern der Aufforderung nachkommen, die der 1. Petrusbrief in folgende Worte fasst: „Seid allezeit bereit zur Verantwortung vor jedermann, der von euch Rechenschaft fordert über die Hoffnung, die in euch ist" (*1. Petrus 3,15*).

Kirchenpräsident Christian Schad

→ *Vorsitzender der Union Evangelischer Kirchen in der Evangelischen Kirche in Deutschland*

Vorwort

Ohne die Bibel gäbe es kein Christentum. Aber ohne die Auslegung der Bibel in Predigten, Kirchenliedern, Kommentaren, Bekenntnisschriften und Glaubensgesprächen bliebe die Bibel für viele Menschen ein Buch mit sieben Siegeln. Unter den Bekenntnisschriften ragen die Katechismen durch ihre knappe, konzentrierte Form, Verständlichkeit und weite Verbreitung heraus. Von ihnen sagten die Reformatoren gern, sie seien eine „Laienbibel, in der alles zusammengefasst ist, von dem die Heilige Schrift ausführlich handelt und was ein Christ zu seiner Seligkeit wissen soll". Eine solche Laienbibel will auch dieser Katechismus sein, indem er umfassend und lebensnah die Hauptpunkte des christlichen Glaubens und Lebens darstellt. Das geschieht in zehn Themenkomplexen mit insgesamt 180 Fragen und Antworten. Die erste Frage „Worauf kommt es im Leben an?" holt die Menschen an dem Punkt ab, den alle aus eigenem Nachdenken kennen, und die letzte Antwort bestätigt, „worauf es ankommt".

Dieser Katechismus entstand aus einer Initiative der Badischen Landeskirche, die durch einen Wettbewerb unter dem Titel „Katechismus heute" prüfen wollte, ob es gelingt, „die dialogische Kommunikation über den Glauben durch Katechismen in veränderter Form fortzuschreiben". Als Anlass für diesen Wettbewerb wurde das 450-jährige Jubiläum des

Heidelberger Katechismus gewählt, der am 19. Januar 1563 veröffentlicht worden war. Bis 2013 konnten und sollten Entwürfe für einen neuen Katechismus eingereicht werden. Zum festgesetzten Termin lagen zwei Entwürfe vor. Beide wurden nach einem Begutachtungsverfahren mit einem Preis ausgezeichnet. Mir war jedoch schon damals bewusst, dass es sich bei meinem Text nur um einen ersten Entwurf handeln konnte, an dem weitergearbeitet werden müsste. Diese Bearbeitung sollte sich vor allem auf die sprachliche Gestalt beziehen und im Zusammenhang damit die Frage nach der Zielgruppe für einen solchen Katechismus klären.

Für das Überarbeitungsverfahren suchte ich zunächst einen kleinen Kreis von Personen, die in unterschiedlichen kirchlichen Leitungsaufgaben tätig (gewesen) waren und von deren hoher theologischer, didaktischer und sprachlicher Kompetenz ich überzeugt war und bin. Zu diesem Kreis gehörten der ehemalige Bischof der Badischen Landeskirche und Ratsvorsitzende der EKD Prof. Dr. Klaus Engelhardt, der ehemalige Ausbildungsreferent der Badischen Landeskirche Kirchenrat Dr. Gottfried Gerner-Wolfhard sowie der ehemalige Landesjugendpfarrer und jetzige Stadtdekan von Karlsruhe Dr. Thomas Schalla. Wegen vielfältiger Verpflichtungen aller Beteiligten dauerte es insgesamt drei Jahre, bis wir die Überarbeitung dieses Katechismus in drei Phasen abschließen konnten.

In einer ersten Phase haben wir den Text zu viert gründlich durchdiskutiert und überarbeitet. In einer zweiten Phase wurde das Ergebnis im März 2016 an Interessenten aller Berufs- und Altersgruppen – von Konfirmanden bis zu Senioren – verteilt bzw. versandt. Der Katechismusentwurf sollte unter folgenden Fragestellungen gelesen werden:

1. Haben Sie den Text gerne, mit Freude, mit Interesse und mit Gewinn gelesen oder als uninteressant, überfordernd, abstrakt, simplifizierend, unzeitgemäß usw. empfunden?

2. Was würden Sie ändern, wenn es nach Ihnen ginge?

3. Halten Sie diesen Katechismustext für geeignet zum Einsatz in der kirchlichen Praxis? Wenn nein, warum nicht? Wenn ja, für welche Ziel- und Altersgruppe?

4. Zusatzfrage, falls Sie in einem entsprechenden kirchlichen Amt sind: Würden Sie diesen Katechismus (bereits in dieser Form) in der kirchlichen Arbeit mit Konfirmanden oder Erwachsenen (oder einer anderen Zielgruppe) einsetzen und erproben wollen?

Bis zum September 2016 erhielten wir ca. 40 schriftliche Rückäußerungen, die in Einzelfällen umfangreicher waren als der ganze Katechismus, meist aber nur einige Zeilen oder Seiten umfassten. Von ihrer Tendenz her fielen die Stellungnahmen überwiegend positiv aus, enthielten häufig aber auch Anregungen für Verbesserungen. Eine Mehrheit tendierte eher zum Einsatz des Textes für Erwachsene, sei es in Gesprächskreisen, Glaubenskursen, Tauf- und Konfirmationskursen zum Beispiel für Aussiedler oder Migranten. Eine Minderheit wollte ihn auch schon in der Konfirmandenarbeit mit Jugendlichen einsetzen, und einige Pfarrerinnen und Pfarrer haben ihn auch selbst im Konfirmandenunterricht erprobt.

Im ersten Halbjahr 2017 wurden die eingegangenen Stellungnahmen in der dritten Überarbeitungsphase gründlich gesichtet, durchdacht und so weit wie möglich eingearbeitet. Auf diese Weise waren fast 50 Personen an der Entstehung dieses Katechismus beteiligt.

Zum Schluss blieb noch die Frage der Darstellung des Textes. Auf Anmerkungen zur Erläuterung wollten wir nicht verzichten, sie erscheinen jedoch im Block am Schluss. Gleichzeitig wurde zur Illustration Material gesammelt: Bilder, Lieder, Gedichte, Bibel- und Literaturzitate. Schließlich soll dieser Katechismus nicht als ein Abfragebuch von auswendig Gelerntem missverstanden werden. Denkanstöße will er geben, die dazu dienen, sich die Inhalte des christlichen Glaubens inwendig anzueignen. Dementsprechend sind auch die Fragen und Antworten nicht auf „Wissende" und „Lernende" festgelegt, sondern wollen einen lebendigen Prozess des Austauschs in Gang bringen.

Der eigentliche Katechismustext ist nun auf den rechten Seiten fortlaufend zu lesen, die linken Seiten dienen der Illustration und weiterführenden Interpretation.

Vertreter mehrerer Landeskirchen und das Präsidium der Union Evangelischer Kirchen (UEK) haben ihr besonderes Interesse an der Veröffentlichung dieses Katechismus geäußert und unter Beweis gestellt. Daraus erwuchs auch das Geleitwort des derzeitigen Präsidenten der UEK, Präses Christian Schad, das diesen Katechismus mit guten Wünschen auf den Weg in die kirchliche Praxis aussendet. Dafür sage ich ihm Dank.

Die Evangelische Verlagsanstalt in Leipzig war gern bereit, dieses Projekt umzusetzen. Ihr und allen anderen, die am Entstehen dieses Katechismus beteiligt waren und dafür teilweise sehr viel an Zeit und Glaubensverstand investiert haben, möchte ich von Herzen danken. Möge unser aller Arbeit dazu beitragen, „die dialogische Kommunikation über den Glauben" fortzuschreiben und damit einen hilfreichen Impuls für die Zukunft unserer Evangelischen Kirchen zu geben.

Wilfried Härle
Heidelberg/Ostfildern

Du hast mich gebildet
im Mutterleibe.
Ich danke dir dafür,
dass ich wunderbar
gemacht bin; wunderbar
sind deine Werke; das
erkennt meine Seele.
Psalm 139,13.14

*„Was ist dein einziger Trost im Leben
und im Sterben?" – „Dass ich mit
Leib und Seele, beide im Leben und
im Sterben, nicht mein, sondern
meines getreuen Heilands Jesu Christi
eigen bin ..."*

**Heidelberger Katechismus,
Frage / Antwort 1**

Was ist der Mensch, dass
du seiner gedenkst,
und des Menschen Kind,
dass du dich seiner
annimmst? Du hast ihn
wenig niedriger gemacht
als Gott, mit Ehre
und Herrlichkeit hast
du ihn gekrönt.
Psalm 8,5.6

*Ich danke Gott und freue mich
wie's Kind zur Weihnachtsgabe,
dass ich bin, bin!, und dass ich dich,
schön menschlich Antlitz habe ...*

Matthias Claudius

I.
Menschen fragen nach dem Sinn des Lebens

1 Worauf kommt es im Leben an?

Es kommt darauf an, unser Leben mit all seinen Höhen und Tiefen als Gabe zu verstehen und anzunehmen.

2 Wieso als Gabe?

Niemand hat sich sein Leben selbst gegeben. Wir alle haben unser Leben ungefragt erhalten.

3 Woher?

Von dem, der uns und alle anderen Geschöpfe erschaffen hat und erhält: von Gott.

4 Wie kommt man darauf?

Wenn wir über unser Leben nachdenken, entdecken wir, dass wir letztendlich alles empfangen haben.[1] Fragen wir von wem, bemerken wir, dass unser Leben nicht von einem anderen Geschöpf stammen kann, sondern nur von Gott, dem Schöpfer.

5 Aber müssen wir uns nicht vieles selbst erarbeiten, statt es geschenkt zu bekommen?

Ja. Aber die Fähigkeiten, Begabungen und Kräfte, durch die wir das erarbeiten, was zum Leben gehört, haben wir nicht von uns selbst, sondern wir haben sie empfangen. Deshalb gilt: Wir haben *letztendlich* alles empfangen.

1. Nun dan-ket al - le Gott mit Her - zen Mund und
der gro - ße Din - ge tut an uns und al - len

Hän - den, der uns von Mut-ter - leib und Kin-des-bei-nen
En - den,

an un - zäh-lig viel zu - gut bis hier-her hat ge - tan.

Evangelisches Gesangbuch 321,1

→ *Artikel 1, Satz 1 des Grundgesetzes
der Bundesrepublik Deutschland,
am Landgericht in Frankfurt am Main*

*Ich freu mich, dass der Mond
am Himmel steht
und dass die Sonne täglich
neu aufgeht.
Dass Herbst dem Sommer
folgt und Lenz dem Winter,
gefällt mir wohl. Da steckt
ein Sinn dahinter,
wenn auch die Neunmalklugen
ihn nicht sehn.
Man kann nicht alles mit
dem Kopf verstehn!
Ich freue mich. Das ist des
Lebens Sinn.
Ich freue mich vor allem,
dass ich bin.*

*... Ich freue mich, dass ich
mich an das Schöne
und an das Wunder niemals
ganz gewöhne.
Dass alles so erstaunlich bleibt,
und neu!
Ich freu mich, dass ich ...
Dass ich mich freu.*

Mascha Kaleko

6 | **Aber haben wir nicht das alles von unseren Eltern bekommen?**

Unsere Eltern haben uns nicht erschaffen, sondern gezeugt und empfangen. Deshalb hängen auch unser Lebensrecht und unser Lebenswert nicht von unseren Eltern ab, auch nicht von anderen Menschen, sondern vom Willen Gottes.

7 | **Was bedeutet das für unser Leben?**

Wir sind von Gott gewollt und haben von ihm mit unserem Dasein eine unantastbare Würde bekommen, die uns niemand nehmen kann: die Menschenwürde.

8 | **Was ist unter Menschenwürde zu verstehen?**

Sie ist das Anrecht jedes Menschen, als Mensch geachtet, das heißt anerkannt und respektiert zu werden.

9 | **Können wir dieses Anrecht nicht verlieren, wenn wir zum Beispiel unsere geistigen Fähigkeiten einbüßen oder aus der Gesellschaft ausgegrenzt werden oder ein himmelschreiendes Verbrechen begehen?[2]**

Nein, dieses Anrecht kann nicht verlorengehen, weil es uns von Gott gegeben ist. Das zu wissen und darauf zu vertrauen, ist insbesondere dann wichtig, wenn andere uns dieses Anrecht absprechen wollen oder wenn wir selbst meinen, es verloren zu haben.

10 | **Was folgt daraus, wenn wir unser Leben als Gabe Gottes verstehen und annehmen?**

Unser Leben wird dann für uns ein Grund zur Dankbarkeit und zugleich eine Aufgabe.

1. Hilf, Herr mei-nes Le - bens, dass ich nicht ver - ge - bens,

dass ich nicht ver - ge - bens hier auf Er - den bin.

Hilf, Herr meiner Seele, dass ich dort nicht fehle, wo ich nötig bin.
Evangelisches Gesangbuch 419,1 und 4

→ *Menschen mit unterschiedlichen Fähigkeiten und Talenten – wie in diesem Fall Ingenieure, Krankenschwestern und Lehrer*

Was ihr getan habt einem von diesen meinen geringsten Brüdern, das habt ihr mir getan.
Matthäus 25,40

Es sind verschiedene Gaben; aber es ist ein Geist. Und es sind verschiedene Ämter; aber es ist ein Herr.
1. Korinther 12,4–6

11 | **Inwiefern ist unser Leben eine Aufgabe?**
Alle Menschen sind von Gott mit unterschiedlichen Fähigkeiten und Talenten ausgestattet, haben aber auch Defizite und Grenzen. Mit alledem sollen wir verantwortungsvoll umgehen. Damit antworten wir Gott auf seine Gabe.

12 | **Was heißt verantwortungsvoll umgehen?**
Wir sind Gott, anderen Menschen und uns selbst gegenüber Rechenschaft dafür schuldig, was wir aus unseren Begabungen und Schwächen machen.

13 | **An welchem Maßstab lässt sich das messen?**
Der Maßstab ist, ob wir etwas zum allgemeinen Wohl beitragen.

14 | **Nur zum Wohl der anderen?**
Nein, wir dürfen und sollen unsere Fähigkeiten und Talente auch zu unserer eigenen Freude einsetzen. Zugleich sollen wir so für uns selbst sorgen, dass wir anderen nicht unnötig zur Last fallen.

15 | **Was haben wir und andere davon, wenn wir unser Leben als Gabe Gottes und als unsere Aufgabe verstehen und annehmen?**
Es zeigt uns, worin der Sinn des Lebens besteht: Es schafft Lebensfreude, Dankbarkeit und Tatkraft, gibt wache Augen für die Welt und ein offenes Herz für alle Geschöpfe. Unser Leben wird so ein Hinweis auf Gott und lässt erahnen, wozu er uns bestimmt hat.

1. Wohl de-nen, die da wan-deln vor Gott in Hei-lig-keit,
nach sei-nem Wor-te han-deln und le-ben al-le-zeit;
die recht von Her-zen su-chen Gott und sei-ne
Zeug-niss' hal-ten, sind stets bei ihm in Gnad.

(2) Von Herzensgrund ich spreche:
dir sei Dank allezeit,
weil du mich lehrst die Rechte
deiner Gerechtigkeit.
Die Gnad auch ferner mir gewähr;
ich will dein Rechte halten,
verlass mich nimmermehr.

(3) Mein Herz hängt treu und feste
an dem, was dein Wort lehrt.
Herr, tu bei mir das Beste,
sonst ich zuschanden werd.
Wenn du mich leitest, treuer Gott,
so kann ich richtig laufen
den Weg deiner Gebot.
Evangelisches Gesangbuch 295,1–3

Weise mir, HERR,
deinen Weg, dass ich
wandle in deiner Wahrheit;
erhalte mein Herz bei
dem einen, dass ich deinen
Namen fürchte.
Psalm 86,11

II.
Gottes Gebote
und
unser menschliches
Verhalten

16 **Woran können wir uns bei der Suche nach dem Sinn des Lebens orientieren?**

An den Geboten Gottes, wie sie in der Bibel gegeben sind.

17 **Welche Bedeutung haben diese biblischen Gebote?**

Sie sind Weisung für einen Lebensweg nach Gottes Willen und sagen uns, wie wir sein, was wir tun und unterlassen sollen.

18 **Sind alle Gebote in der Bibel für uns gleichermaßen gültig?**

Die Gebote in der Bibel sind nicht alle gleicher Art. Es gibt Gebote, die gelten für alle Menschen aller Zeiten. Es gibt aber auch Gebote, die ihre Geltung für uns als Christen verloren haben.

19 **Wodurch haben sie ihre Geltung verloren?**

Dadurch, dass sie mit dem Evangelium von Jesus Christus nicht vereinbar sind.

20 **Welche Gebote sind das?**

Das sind die alttestamentlichen Gebote, die sich zum Beispiel auf die Ausrottung anderer Völker[3] oder auf die Verhängung der Todesstrafe[4] oder auf die Unterscheidung zwischen reli-

→ Marc Chagall,
„Moses verkündet Zehn Gebote"

Martin Luther hat die Zehn Gebote in
seinem Kleinen Katechismus in
der folgenden Kurzform wiedergegeben[5]:

„Ich bin der Herr, dein Gott.
Du sollst keine anderen Götter haben neben mir.
Du sollst den Namen des Herrn, deines Gottes,
nicht unnütz gebrauchen; denn der Herr wird den nicht
ungestraft lassen, der seinen Namen missbraucht.
Du sollst den Feiertag heiligen.
Du sollst deinen Vater und deine Mutter ehren,
auf dass dir's wohlgehe und du lange lebest auf Erden.
Du sollst nicht töten.
Du sollst nicht ehebrechen.
Du sollst nicht stehlen.
Du sollst nicht falsch Zeugnis reden wider deinen Nächsten.
Du sollst nicht begehren deines Nächsten Haus.
Du sollst nicht begehren deines Nächsten Weib, Knecht,
Magd, Vieh noch alles, was sein ist."[6]

giös reinen und unreinen Tieren und Dingen[7] beziehen. Jesus Christus hat uns gelehrt hat, dass wir nicht Vergeltung üben sollen[8] und dass nichts unrein ist, was Gott geschaffen hat.[9] Es gibt aber auch neutestamentliche Verhaltensvorschriften (z. B. über die Kleidung von Männern und Frauen im Gottesdienst[10]), die kulturell bedingt sind und keinen zeitlosen Anspruch haben.

21 | Welche biblischen Gebote sind die wichtigsten?
Die wichtigsten Gebote in der Bibel sind
- die Zehn Gebote, auch Dekalog genannt,
- die Goldene Regel und
- das Doppelgebot der Liebe, das auch die Feindesliebe umfasst.

22 | Wo findet man die Zehn Gebote?
Die Zehn Gebote kommen in der Bibel in zwei Formen vor: im 2. und im 5. Buch Mose.[11]

23 | Was besagen die Gebote des Dekalogs?
Wir sollen in allen Bereichen unseres Lebens auf Gott vertrauen und uns an seinem Willen ausrichten, indem wir
- unser Herz an nichts anderes[12] so hängen, als wäre es Gott, und unsere Gottesbilder nicht mit Gott gleichsetzen;
- den Namen Gottes nicht gedankenlos oder in böser Absicht gebrauchen;
- an Sonntagen und kirchlichen Feiertagen uns und anderen Ruhe gönnen und uns auf Gottes Wort ausrichten;
- unseren Eltern mit Achtung begegnen und ihnen ihr Leben lang beistehen;
- menschliches Leben nicht gefährden oder zerstören, sondern schützen und bewahren;
- den Menschen, mit denen wir in Liebe verbunden sind, die Treue halten;

Wir sollen Gott über alle Dinge fürchten,
lieben und vertrauen.

Martin Luther
im Kleinen Katechismus

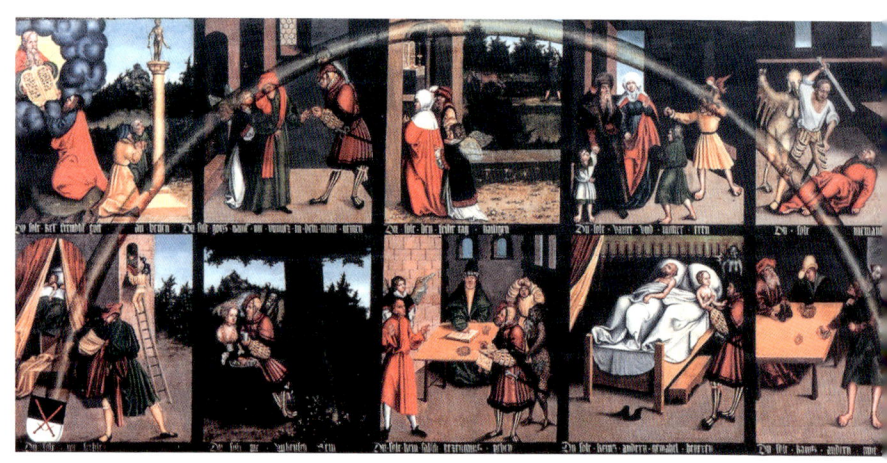

→ Lucas Cranach d. Ä. (Werkstatt),
„Zehn-Gebote-Tafel", 1516, Lutherhalle
Lutherstadt Wittenberg

- jedem das geben, was ihm zusteht, und nicht nehmen, was ihm gehört;
- mit unserer Sprache wahrhaftig und verantwortungsvoll umgehen;
- nicht gierig hinter dem her sind, was anderen Menschen gehört oder zusteht.

24 | Wie heißt die *Goldene Regel*?

Die Goldene Regel gibt es in vielen Religionen, Kulturen und Sprachen. Sie heißt in ihrer negativen Form: „Was du nicht willst, das man dir tu, das füg auch keinem anderen zu!"[13], und in ihrer positiven Form: „Alles nun, was ihr wollt, dass euch die Leute tun sollen, das tut ihr ihnen auch!"[14]

25 | Ist die Goldene Regel das wichtigste biblische Gebot?

Sie hat *einen* Nachteil: Sie nimmt die *eigenen* Wünsche als Maßstab für das Tun des Guten gegenüber anderen; sie setzt dabei voraus, dass die anderen Menschen dieselben Wünsche haben wie wir. Aber das ist nicht immer der Fall.

26 | Lässt sich dieser Nachteil überhaupt vermeiden?

Ja, indem wir uns an dem orientieren, was *für die Menschen gut* ist. So ist das Liebesgebot formuliert. Darum ist es nach christlichem Verständnis das wichtigste Gebot.

27 | Wie lautet das Liebesgebot?

Das Liebesgebot wird auch als Doppelgebot der Liebe bezeichnet und heißt: „Du sollst den Herrn, deinen Gott, lieben von ganzem Herzen, von ganzer Seele und von ganzem Gemüt", und: „Du sollst deinen Nächsten lieben wie dich selbst."[15]

28 | Was fordert dieses Doppelgebot?

Wir sollen uns Gott vorbehaltlos hingeben und unserem Nächsten gern Gutes tun, wie wir auch selbst gern Gutes empfangen.

Liebe, und dann tue, was du willst.

**Augustin,
Kommentar zum 1. Johannesbrief**

→ *Ulrich Henn, „Der barmherzige Samariter",
Skulptur vor der Rosenbergkirche Stuttgart*

*Gott lieben heißt, seine Gebote gerne tun;
den Nächsten lieben heißt:
alle Pflicht gegen ihn gerne ausüben.*

Immanuel Kant, KpV, A148

29 | **Dürfen wir uns denn auch selbst lieben?**
Wenn Gott uns liebt, dann sollen wir uns auch selbst lieben. Verkehrt ist nicht die Selbst*liebe*, sondern die Selbst*sucht*, mit der wir uns *anstelle* Gottes oder der Nächsten lieben oder mit der wir selbstverliebt um uns kreisen.

30 | **Wer ist mein Nächster?**
Das ist jeder Mensch, sofern er meine Zuwendung oder Hilfe braucht, sogar wenn er mein Feind ist.[16]

31 | **Was bedeutet es, wenn unsere Neigungen, Wünsche und Handlungen sich gegen Gott oder unseren Nächsten richten und wir damit Gottes Gebot übertreten?**
Das verletzt unsere Beziehung zu Gott und zu den Menschen [17] und wird in der Bibel Sünde genannt.

32 | **Können wir Gebotsübertretungen ungeschehen machen?**
Nein, das können wir nicht. Wenn wir jedoch etwas wiedergutmachen können, sollen wir das als Zeichen ernsthafter Reue tun. Aber wir können nicht alles wiedergutmachen.

33 | **Ist das, was wir wiedergutgemacht haben, damit ausgetilgt, als wäre es nie geschehen?**
Nein; denn jede Übertretung eines Gebotes Gottes ist auch die Verletzung der Beziehung zu Gott und den Menschen, und die kann nur durch Vergebung behoben werden.

34 | **Wie kann man etwas vergeben?**
Vergebung geschieht, wenn eine Übertretung, die ein Mensch begangen hat, ihm nicht mehr angerechnet, nachgetragen oder vergolten, aber auch nicht für gleichgültig erklärt wird.

*Einem Menschen vergeben
heißt nicht, das, was er getan hat,
für ungeschehen erachten,
nicht wahrhaben wollen oder
schlicht vergessen. Vergeben
kann unter Umständen bedeuten,
gerade nicht zu vergessen.
Vergeben heißt: die Vergangen-
heit eines anderen keinen
Einwand dagegen sein zu lassen,
dass ich ihn annehme. Vergebung
heißt nicht das Ja zu einer
vergangenen Schuld, wohl aber
das Ja zu einem Menschen
mit seiner vergangenen Schuld.*

Otto Hermann Pesch

So halten wir nun dafür,
dass der Mensch
gerecht wird ohne des
Gesetzes Werke,
allein durch den Glauben.
Römer 3,28

*Nichts ist großartiger in der Welt, als wenn irgendwo die Vergebung,
die Versöhnung zur Realität wird. Da merkt man es, wie die Weltgeschichte
einen Ruck nach vorn tun möchte und Menschen am Werke sind, die das
Schreckliche, das Schuldhafte hinter sich gebracht haben. Erst wo Menschen
das können, öffnen sie die Tore nach vorn, erst da sind wir wieder
wahre Menschen, tut sich jene Mitmenschlichkeit sondergleichen unter
uns auf, die fruchtbar werden könnte zu einer Regeneration unserer Kultur,
von der wir uns jetzt kaum eine Vorstellung machen.*

Hans Joachim Iwand, 1956

35 | **Welche Rolle spielt Vergebung im christlichen Glauben?**

Jesus Christus hat im Namen Gottes Sünde vergeben und hat verkündigt, dass auch wir den Menschen, die an uns schuldig geworden sind, vergeben können und sollen.[18]

36 | **Evangelische Christen sprechen oft von Rechtfertigung – ist Vergebung dasselbe wie Rechtfertigung?**

Von Rechtfertigung sprechen wir nur im Blick auf *Gottes* Handeln. Dass Gott uns vergibt, ist die *eine* Seite der Rechtfertigung. Unsere Schuld wird uns nicht angerechnet.

37 | **Was ist die *andere* Seite?**

Wir werden durch den Glauben an Jesus Christus, den Sohn Gottes, selbst zu Gottes Kindern.[19]

38 | **Was ist Glaube?**

Glaube ist nicht ein bloßes Vermuten oder Meinen, sondern zuversichtliches Vertrauen.[20]

Das Apostolische Glaubensbekenntnis

Ich glaube an Gott, den Vater,
den Allmächtigen,
den Schöpfer des Himmels und der Erde.

Und an Jesus Christus,
seinen eingeborenen Sohn, unsern Herrn,
empfangen durch den Heiligen Geist,
geboren von der Jungfrau Maria,
gelitten unter Pontius Pilatus,
gekreuzigt, gestorben und begraben,
hinabgestiegen in das Reich des Todes,
am dritten Tage auferstanden von den Toten,
aufgefahren in den Himmel;
er sitzt zur Rechten Gottes,
des allmächtigen Vaters;
von dort wird er kommen,
zu richten die Lebenden und die Toten.

Ich glaube an den Heiligen Geist,
die heilige christliche Kirche,
Gemeinschaft der Heiligen,
Vergebung der Sünden,
Auferstehung der Toten
und das ewige Leben.
Amen.

III.
Gott offenbart
sein Wesen
in Jesus Christus

39 Welche Bedeutung hat Jesus Christus
für unseren Glauben an Gott?

Als Christen glauben wir daran, dass Gott sein Wesen in
Jesus Christus endgültig offenbart hat.[21]

40 Was heißt „sich offenbaren"?

Es heißt, dass jemand sich selbst so zu erkennen gibt, wie er
tatsächlich ist.

41 Heißt das, dass Gott nirgendwo sonst gefunden werden
kann außer in Jesus Christus?

Nein, das heißt es nicht. Im Neuen Testament wird gesagt:
„Nachdem Gott vorzeiten vielfach und auf vielerlei Weise
geredet hat zu den Vätern durch die Propheten, hat er zuletzt
in diesen Tagen zu uns geredet durch den Sohn."[22]

42 Gilt das nur für die Propheten des Alten Testaments?

Nein. Gott kann auch auf anderen Wegen, z. B. aus den Werken
seiner Schöpfung, erkannt werden. Solches Erkennen bedarf
aber der Vertiefung durch die Offenbarung in Jesus Christus.[23]

43 Was ist dann das Besondere an der Offenbarung
in Jesus Christus?

Sie ist nach christlichem Verständnis die letztgültige Offenbarung Gottes und darum der Maßstab für alle wahre Gottes-

ΙΧΘΥΣ

→ *Eine mündlich tradierte und später in Schriftform festgehaltene Version erzählt, dass der Fisch als christliches Erkennungszeichen verwendet wurde. Das griechische Wort für Fisch ΙΧΘΥΣ (ichthýs) enthält in seinen Buchstaben die Anfangsbuchstaben eines kurzgefassten Glaubensbekenntnisses: Ἰησοῦς Χριστός Θεοῦ Υἱός Σωτήρ – Jesus Christus, Gottes Sohn, Retter.*

Keins seiner Worte glaubte ich, hätte er nicht geschrien:
Gott, warum hast du mich verlassen.
Das ist mein Wort, das Wort des untersten Menschen.
Und weil er selber so weit unten war,
ein Mensch, der ›warum‹ schreit und schreit ›verlassen‹,
deshalb könnte man auch die anderen Worte, die von weiter oben,
vielleicht ihm glauben.

Rudolf Otto Wiemer, Das Wort, 1960

erkenntnis. Wenn wir Gott in Jesus Christus gefunden und erkannt haben, können wir ihn an vielen anderen Stellen in unserer Welt und in unserem Leben wiederentdecken. Zugleich können wir auch erkennen, welche religiösen Aussagen oder menschlichen Verhaltensformen dem Wesen Gottes widersprechen.

44 | **Woher können wir wissen, dass Gott sich uns in Jesus Christus so zu erkennen gibt, wie er tatsächlich ist?**
Wir können dessen nur gewiss werden, indem wir darauf vertrauen.[24]

45 | **Und woraus entsteht dieses Vertrauen?**
Es entsteht dadurch, dass Gott sich uns in der Verkündigung, im Leben, Sterben und Auferstehen Jesu Christi als vertrauenswürdig zeigt und wir uns darauf einlassen.

46 | **Aber können wir uns dabei nicht auch täuschen?**
Wenn das geschieht, werden wir vermutlich nicht länger vertrauen, sondern uns abwenden – vielleicht sogar ein für alle Mal.

47 | **Inwiefern können wir uns bei Jesus Christus täuschen?**
Das kann dann geschehen, wenn wir Jesus Christus missverstehen oder ihm mit verkehrten Erwartungen begegnen.

48 | **Was sind verkehrte Erwartungen?**
Wenn wir erwarten, dass wir es bei Jesus Christus mit einem Gott zu tun bekommen, der alle unsere Wünsche erfüllt oder uns alles Leiden erspart.

49 | **Was dürfen wir denn dann von Gott erwarten?**
Gott will uns immer nahe sein, mit uns gehen und uns das geben, was für uns gut ist.[25]

Denn das Wort
vom Kreuz
ist eine Torheit denen,
die verloren werden;
uns aber,
die wir selig werden,
ist es Gottes Kraft.
1. Korinther 1,18

Menschen gehen zu Gott in ihrer Not,
flehen um Hilfe, bitten um Glück und Brot,
um Errettung aus Krankheit, Schuld und Tod.
So tun sie alle, alle, Christen und Heiden.

Menschen gehen zu Gott in Seiner Not,
finden ihn arm, geschmäht, ohne Obdach und Brot,
sehn ihn verschlungen von Sünde, Schwachheit und Tod.
Christen stehen bei Gott in Seinem Leiden.

Gott geht zu allen Menschen in ihrer Not,
sättigt den Leib und die Seele mit Seinem Brot,
stirbt für Christen und Heiden den Kreuzestod
und vergibt ihnen beiden.

Dietrich Bonhoeffer,
Christen und Heiden

→ *Kruzifix, Sainte-Colombe,*
Frankreich

Kreuzen gegenüber bin ich prinzipiell negativ eingestellt
... Gerade weil ich ernst nehme, was es darstellt,
lehne ich das Kreuz rundherum ab. Nebenbei finde ich
die Hypostasierung des Schmerzens barbarisch,
körperfeindlich, einen Undank gegenüber der Schöpfung,
über die wir uns freuen, die wir genießen sollen,
auf dass wir den Schöpfer erkennen ...
Für mich formuliere ich die Ablehnung der Kreuzes-
theologie drastischer: Gotteslästerung und Idololatrie.

Navid Kermani, Neue Zürcher Zeitung 2009

Du musst Bilder des Lebens haben,
wenn du die Bilder des Todes bestehen willst.
Sie werden dir sonst zu mächtig.

Martin Luther

50 | **Ist das auch die Botschaft Jesu?**

Ja, er hat verkündigt, dass Gottes heilsame Herrschaft auf Erden anbricht und dass die Menschen sich ganz darauf einlassen sollen, indem sie von ihren verkehrten Wegen umkehren.[26]

51 | **Wie hat Jesus Christus die Herrschaft Gottes verkündigt?**

Jesus Christus hat die Herrschaft Gottes als Herrschaft der Liebe Gottes vergegenwärtigt, indem er

• den Menschen dieses Evangelium predigte,

• ihnen ihre Sünden vergab,

• Kranke und Besessene heilte,

• vorbehaltlos Gemeinschaft pflegte,

• Menschen in seine Nachfolge berief und

• alle Menschen zum Tun des Willens Gottes anleitete.

Er war bereit, für diese ihm aufgetragene Botschaft zu leiden und zu sterben.

52 | **Wieso musste Jesus Christus wegen dieser Botschaft leiden und sterben?**

Seine Verkündigung weckte den Widerstand des Bösen.

53 | **Was ist das Böse?**

Das Böse ist der Inbegriff der Mächte, die sich Gott widersetzen und seine Stelle einnehmen wollen.[27]

54 | **Ist Jesus Christus also gegen Gottes Willen ans Kreuz gebracht und getötet worden?**

Gott hat zugelassen, dass Jesus Christus am Kreuz getötet wurde, und hat als der Vater Jesu Christi das Böse selbst mit durchlitten.

1. Ge - lobt sei Gott im höchs - ten Thron samt sei - nem ein - ge - bor - nen Sohn, der für uns hat ge - nug ge - tan. Hal - le - lu - ja,____ Hal - le - lu - ja,____ Hal - le - lu - ja.

(2) Des Morgens früh am dritten Tag, da noch der Stein am Grabe lag, erstand er frei ohn alle Klag. Halleluja, Halleluja, Halleluja.

(3) Der Engel sprach: Nun fürcht' euch nicht; denn ich weiß wohl, was euch gebricht. Ihr sucht Jesus, den find't ihr nicht. Halleluja, Halleluja, Halleluja.

(4) Er ist erstanden von dem Tod, hat überwunden alle Not; kommt, seht, wo er gelegen hat. Halleluja, Halleluja, Halleluja.

Evangelisches Gesangbuch 103,1–4

→ *Matthias Grünewald,*
„Auferstehung und Verkündigung"

Denn als Erstes habe ich euch weitergegeben, was ich auch empfangen habe: Dass Christus gestorben ist für unsre Sünden nach der Schrift; und dass er begraben worden ist; und dass er auferweckt worden ist am dritten Tage nach der Schrift; und dass er gesehen worden ist von Kephas, danach von den Zwölfen. Danach ist er gesehen worden von mehr als fünfhundert Brüdern auf einmal, von denen die meisten noch heute leben, einige aber sind entschlafen. Danach ist er gesehen worden von Jakobus, danach von allen Aposteln. Zuletzt von allen ist er auch von mir als einer unzeitigen Geburt gesehen worden.

1. Korinther 15,3–8

55 | **Ist Jesus Christus gescheitert, weil er hingerichtet wurde?**
Wenn der Tod Jesu Christi am Kreuz das Letzte gewesen wäre, dann müsste man das so sagen. Aber Gott hat den Gekreuzigten nicht im Tod gelassen, sondern hat ihn auferweckt und zum Herrn der Welt erhöht.

56 | **Wie ist das geschehen?**
Wir sind uns dessen gewiss, *dass* es durch Gott geschehen ist, aber wir wissen nicht *wie*. Das ist ein göttliches Geheimnis, das die Grenzen unserer endlichen Welt durchbricht und überschreitet.

57 | **Woher kommt die Gewissheit, dass Jesus Christus von den Toten auferweckt ist?**
Viele Menschen haben ihn nach seinem Tod in einer verwandelten Gestalt lebend gesehen.[28]

58 | **Wie kommen die Menschen, die ihn nicht gesehen haben, dazu, an ihn als den Auferweckten zu glauben?**
Die Augenzeugen haben davon berichtet, und andere haben ihnen vertraut.

59 | **Woher kommt die Gewissheit, dass Gott Jesus Christus in seiner Auferweckung zum Herrn der Welt erhöht hat?**
Wenn wir auf Jesus Christus vertrauen, können wir spüren und erkennen, dass durch ihn Gott selbst gegenwärtig ist und wirkt.

60 | **Wie geschieht das?**
Indem wir seine Gegenwart in Wort und Sakrament erleben und durch seinen Geist zum Glauben und zur Liebe befähigt werden.

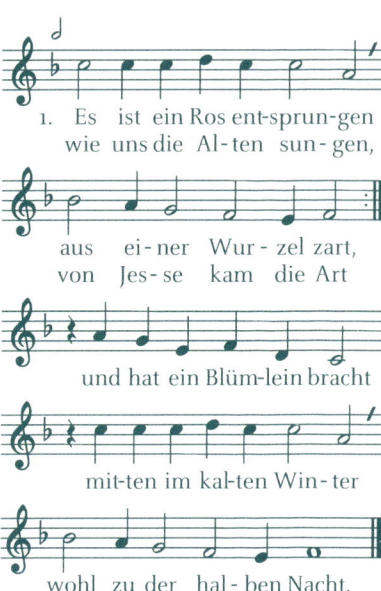

1. Es ist ein Ros ent-sprun-gen
wie uns die Al-ten sun-gen,

aus   ei-ner   Wur-zel zart,
von   Jes-se   kam   die Art

und hat ein Blüm-lein bracht

mit-ten im kal-ten Win-ter

wohl zu der hal-ben Nacht.

Er, der in göttlicher Gestalt war, hielt es nicht für einen Raub, Gott gleich zu sein, sondern entäußerte sich selbst und nahm Knechtsgestalt an, ward den Menschen gleich und der Erscheinung nach als Mensch erkannt. Er erniedrigte sich selbst und ward gehorsam bis zum Tode, ja zum Tode am Kreuz. Darum hat ihn auch Gott erhöht und hat ihm den Namen gegeben, der über alle Namen ist, dass in dem Namen Jesu sich beugen sollen aller derer Knie, die im Himmel und auf Erden und unter der Erde sind, und alle Zungen bekennen sollen, dass Jesus Christus der Herr ist, zur Ehre Gottes, des Vaters.

Christushymnus aus Philipper 2,6–11, einer der ältesten Texte im Neuen Testament

(2) Das Blümlein, das ich meine,
davon Jesaja sagt,
hat uns gebracht alleine
Marie, die reine Magd;
aus Gottes ewgem Rat
hat sie ein Kind geboren,
welches uns selig macht.

(3) Das Blümelein so kleine,
das duftet uns so süß;
mit seinem hellen Scheine
vertreibt's die Finsternis.
Wahr' Mensch und wahrer Gott,
hilft uns aus allem Leide,
rettet von Sünd und Tod.
Evangelisches Gesangbuch 30,1–3

Ich glaube, dass Jesus Christus, wahrhaftiger Gott vom Vater in Ewigkeit geboren und auch wahrhaftiger Mensch von der Jungfrau Maria geboren, sei mein Herr, der mich verlorenen und verdammten Menschen erlöset hat, erworben und gewonnen von allen Sünden, vom Tod und von der Gewalt des Teufels.

**Martin Luther,
Kleiner Katechismus,
Auslegung des
2. Glaubensartikels**

61 | **Ist Jesus Christus dann eigentlich ein Mensch wie wir oder ein Gott oder ein Zwischenwesen, eine Art Halbgott?**

Er ist kein Halbgott, sondern wahrer Mensch und wahrer Gott.

62 | **Wie soll man sich das vorstellen oder denken?**

Jesus war ein Mensch wie wir mit allen Einschränkungen und Grenzen, die zum Menschsein gehören. Aber er kannte Gott auf eine einmalige Weise, mehr noch: er *verkörperte* ihn. Deshalb konnte er sagen: „Wer mich sieht, sieht den Vater."[29] In ihm offenbart Gott sein Wesen.

63 | **Es heißt, Jesus sei als Sohn Gottes durch den Heiligen Geist empfangen worden.[30] Ist er dann nicht doch völlig anders als alle anderen Menschen?**

Das Neue Testament sagt von *allen* Menschen, die Jesus Christus im Glauben aufnehmen, dass sie zu Gottes Söhnen und Töchtern werden.[31] Das ist *nie* ein Werk des Menschen, sondern *stets* ein Werk des Heiligen Geistes.

64 | **Aber nennt das Neue Testament und das Glaubensbekenntnis nicht Jesus Christus *den* ein(zig)geborenen Sohn Gottes?**

Ja, und das ist ganz wichtig; aber das ist keine Aussage über seine biologische Abstammung, sondern über sein *Wesen*, das ganz mit dem Wesen Gottes eins ist. Deshalb ist Jesus Christus – als der Sohn Gottes – „das Ebenbild seines Wesens".[32]

65 | **Sind wir als Christen genauso Gottes Söhne und Töchter, wie Jesus Christus Gottes Sohn war und ist?**

Der grundlegende Unterschied zwischen Jesus Christus und uns besteht darin, dass wir *nur durch ihn* Gottes Kinder sind, aber er ist *nicht durch uns* Gottes Sohn. Er gibt uns an seiner Gottessohnschaft Anteil, nicht wir ihm an unserer Gotteskindschaft.

*Ich glaube, dass ich nicht aus
eigener Vernunft noch Kraft an
Jesus Christus, meinen Herrn,
glauben oder zu ihm kommen kann,
sondern der Heilige Geist hat
mich durch das Evangelium berufen,
mit seinen Gaben erleuchtet,
im rechten Glauben geheiligt und
erhalten; gleichwie er die ganze
Christenheit auf Erden beruft,
sammelt, erleuchtet, heiligt und
bei Jesus Christus erhält im rechten,
einigen Glauben.*

**Martin Luther,
Kleiner Katechismus,
Auslegung des
3. Glaubensartikels**

IV.
Gott ist in uns gegenwärtig durch seinen Heiligen Geist

66 | **Warum glauben wir als Christen an den Heiligen Geist?**[33]
Wir können den Glauben an Jesus Christus nicht durch unser Nachdenken oder unsere Willensanstrengung erlangen, sondern er muss uns durch Gottes Geist zuteilwerden.

67 | **Was sollen wir uns unter „Geist" vorstellen?**
Die sprachlichen Wurzeln des Wortes „Geist" verweisen bei vielen Völkern auf Hauch, Atem, Wind oder Sturm und damit auf etwas Dynamisches, das viel bewegen kann, aber selbst nicht zu fassen ist. Durch das Wort „Geist" werden Fühlen, Wollen und Denken zusammengefasst und als eine Einheit verstanden.

68 | **Gilt das auch für Gott?**
Gott *hat* Geist und Gott *ist* Geist[34].

69 | **Was heißt: Gott *hat* Geist?**
Gott erkennt sich selbst und uns.[35]

70 | **Und was heißt: Gott *ist* Geist?**
Gott ist an keine Grenzen des Raumes und der Zeit gebunden, sondern durchdringt alles und ist in allem gegenwärtig.[36]

So vielfältig der Heilige Geist auch in Erscheinung
treten mag, so ist doch das eine, gemeinsame
Merkmal das: Er führt uns in das hinein, was er selbst ist:
die Liebe! Der Heilige Geist befreit uns, indem er uns erfüllt.
Er erfüllt uns mit dem, was er ist: mit Liebe.

Martin Schleske, Der Klang, S. 283

Evangelisches Gesangbuch 136,1

71 **Heißt das, dass Gott auch *in uns* gegenwärtig ist, also in uns wohnt?**

Ja, genau das sagt das Neue Testament.[37]

72 **Was bewirkt der Geist Gottes in uns?**

Er macht lebendig, lässt die Wahrheit erkennen, gibt Mut und Lust zum Einsatz der empfangenen Gaben und verbindet Menschen in Liebe miteinander.

73 **Warum sprechen wir Christen nicht nur vom Geist, sondern vom *Heiligen* Geist?**

Wir unterscheiden damit den Geist Gottes, der Leben und Wahrheit, Freude und Liebe schafft, von den unguten Geistern, die Tod und Lüge, Verzweiflung und Hass verbreiten.

74 **Wie wird der Heilige Geist Menschen gegeben?**

Gott gibt seinen Heiligen Geist auf vielfältige Weise, insbesondere durch das Hören des Evangeliums und den Empfang der Sakramente.

75 **Bewirkt der Heilige Geist in allen Menschen, die ihn empfangen, dasselbe?**

Der Heilige Geist weckt in allen Menschen denselben Glauben an Jesus Christus, aber er verleiht ihnen unterschiedliche Begabungen.[38]

76 **Was für Begabungen sind das?**

Das sind diejenigen, durch die Gott Menschen zum Dienst an ihren Mitmenschen befähigt: zum Beispiel die Gabe, zur rechten Zeit zu erkennen, was nötig ist, zuzuhören und verständlich zu reden, anschaulich zu predigen, eine Gemeinde oder Gemeinschaft zu leiten, Seelsorger zu sein oder Kranke zu pflegen und zu heilen.[39]

Ich glaube,
dass mich Gott geschaffen hat
samt allen Kreaturen…

Martin Luther,
Kleiner Katechismus,
Auslegung des
1. Glaubensartikels

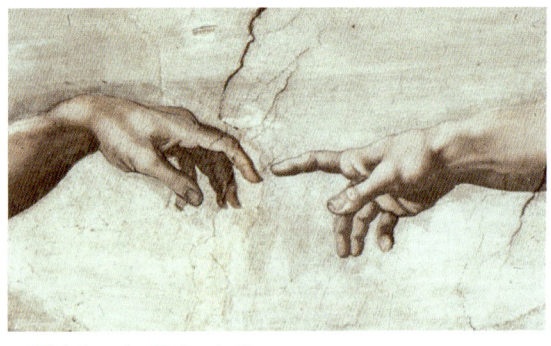

→ *Michelangelo, Die Erschaffung*
Adams, Ausschnitt Deckenfresko in
der Sixtinischen Kapelle

Gott ist die erste Ursache aller Dinge:
denn die beschränkten Dinge sind
zufällig und besitzen nichts, was ihnen
notwendige Existenz verleiht. Diese mit
Verstand begabte Ursache muss in
jeder Weise unendlich sein, ihre Macht,
Weisheit und Güte müssen unbedingt
vollkommen sein.

G. W. Leibniz, Theodizee,
I. Teil, Abschnitt 7

V.
Gott der Schöpfer

77 | **Was meinen wir eigentlich, wenn wir Christen von Gott sprechen?**

Mit den Worten der Bibel und des Glaubensbekenntnisses gesagt: Gott ist der Schöpfer des Himmels und der Erde, des Sichtbaren und des Unsichtbaren.[40]

78 | **Widerspricht das nicht der Evolutionstheorie?**

Die Evolutionstheorie sagt nichts über den Ursprung der Welt aus. Sie beschreibt nur, wie sich unser Kosmos von seinem Ursprung an entwickelt.

79 | **Heißt das: Gott ist der schöpferische Ursprung der Welt?**

Ja.

80 | **Aber muss nicht auch Gott alles irgendwoher empfangen haben?**

Wenn Gott vollkommen ist, braucht er kein Woher, von dem her er empfängt, sondern er trägt alles in sich selbst.

81 | **Und – ist Gott vollkommen?**

Wenn Gott nicht vollkommen wäre, wäre er nicht Gott. Vollkommenheit ist eine Wesenseigenschaft Gottes.

Gott spricht: „Wem wollt
ihr mich gleichstellen,
und mit wem vergleicht ihr
mich? An wem messt ihr
mich, dass ich ihm gleich
sein soll?"
Jesaja 46,5

Gott ist etwas, über das hinaus Größeres nicht gedacht werden kann.

**Anselm von Canterbury,
Proslogion, Kap. II**

*Die strenge Unterscheidung zwischen Eigenschaften
und Wesen Gottes wird in dem Satz ›Gott ist Liebe‹
aufgehoben. Allein die Liebe kann dem Wesen Gottes
gleichgesetzt werden.*

**Gerhard Ebeling,
Wort und Glaube, Bd. II, S. 340**

*Manche Irrtümer in der Lehre von Gott
hätten vermieden werden können, wenn Gott
zuerst als das Sein-Selbst oder als Grund des
Seins verstanden worden wäre.*

**Paul Tillich,
Systematische Theologie,
Bd. I, S. 273**

*Das Wesen der Frömmigkeit ist dieses,
dass wir uns unser selbst als schlechthin abhängig,
oder, was das dasselbe sagen will,
als in Beziehung zu Gott bewusst sind.*

**Friedrich Schleiermacher,
Der christliche Glaube², § 4, Leitsatz**

82 | **Welche anderen Eigenschaften hat Gott?**

Wir können Gottes Eigenschaften nicht umfassend aufzählen. Aber wir können zwei Arten von Eigenschaften Gottes unterscheiden: solche, die ihn von allem anderen grundlegend unterscheiden, und solche, die auch wir haben können.

83 | **Was soll man sich darunter vorstellen?**

Eigenschaften, die Gott von allem anderen grundsätzlich unterscheiden, sind zum Beispiel: Allmacht, Allwissenheit, Allgegenwart und Ewigkeit oder Unsterblichkeit. Die hat kein Geschöpf. Eigenschaften Gottes, die auch wir Menschen haben können, sind zum Beispiel: Güte, Barmherzigkeit und – vor allem – Liebe.

84 | **Wieso wird dabei die Liebe hervorgehoben?**

Weil sie *die* Eigenschaft ist, die das Wesen Gottes ist[41], und weil sie zugleich für uns Menschen das höchste Gebot ist.

85 | **Woran kann man erkennen, dass Gottes Wesen Liebe ist?**

Daran, dass Gott sich in Jesus Christus als Liebe offenbart.

86 | **Wenn Gottes Wesen Liebe ist, wie kann Gott dann so viel Leiden und Böses in der Welt zulassen?**

Gottes Liebe zeigt sich in dieser Welt nicht darin, dass er uns Leiden generell erspart und uns am Tun des Bösen hindert, sondern darin, dass er uns das Leiden zu tragen hilft, uns im Kampf gegen das Böse beisteht. Das Leiden und die Möglichkeit des Bösen gehören zu einer endlichen Welt, in der es empfindungsfähige und verantwortliche Geschöpfe gibt.

→ *Leonhard Beck, „Der heilige*
Georg im Kampf mit dem Drachen",
um 1515

Das Gegenteil von Liebe ist nicht Hass, sondern Gleichgültigkeit.

Elie Wiesel, Erinnerung als Gegenwart,
in: Loccumer Protokolle 25/86, S. 157

Die Antworten der Theodizee sind durchweg
unzureichend. Darum haben wohl diejenigen Recht,
die dem Vertrauen auf Gott, also dem Glauben
das letzte Wort geben, und das nicht zu können,
ist dann das eigentliche Unglück.

Odo Marquard,
in: Theodizee – Gott vor Gericht?, S. 101 f.

87 | **Die Bibel spricht aber auch an vielen Stellen vom Zorn Gottes. Ist das nicht ein Widerspruch zu der Aussage, dass Gottes Wesen Liebe ist?**

Nein. Ein Widerspruch zur Liebe ist der Hass und – vor allem – die Gleichgültigkeit. Zorn jedoch gehört zur Liebe.

88 | **Inwiefern?**

Wenn man jemanden wirklich liebt, ist man zornig auf alles, was diesem Menschen schadet oder womit er sich selbst schadet. Dieser Zorn ist ein Zeichen für brennende Liebe.

89 | **Gilt das auch für Gottes Zorn?**

Ja. Gott zürnt über die Sünde, die Bosheit und das Elend der Menschen[42], weil er die Menschen liebt.

90 | **Inwiefern offenbart Gott diese Liebe in Jesus Christus?**

Die ganze Sendung Jesu, seine Verkündigung, sein Wirken, sein Leiden und Sterben sind uns Zeichen dafür, dass Gott aus Liebe in die Welt eingeht, dass er dem Bösen und Elend den Kampf ansagt und es für und mit uns durchleidet.

Die Gnade unseres Herrn Jesus Christus
und die Liebe Gottes und die Gemeinschaft
des Heiligen Geistes sei mit euch allen!
2. Korinther 13,13

Der Vater weist auf
den Sohn und den Geist.
Der Sohn weist auf
den Vater und den Geist.
Der Geist weist auf
den Vater und den Sohn.

VI.
Der christliche Glaube
an den
dreieinigen Gott

91 | **Bekommen wir es im Christentum also mit zwei unterschiedlichen Göttern zu tun: mit Gott als dem Vater und mit Jesus Christus als dem Sohn?**

Wir bekommen es in Jesus Christus tatsächlich mit Gott zu tun, aber er ist kein zweiter Gott neben Gott dem Vater, sondern beide sind eins.

92 | **Wie soll man das verstehen?**

Wenn Jesus Christus als Mensch das Wesen Gottes in dieser Welt verkörpert, und wenn Gott sich auf diese Weise offenbart, dann besteht zwischen Jesus Christus als dem Sohn und Gott als dem Vater sowohl eine untrennbare *Einheit* als auch eine deutliche *Verschiedenheit*.[43]

93 | **Worin besteht diese Einheit und worin die Verschiedenheit?**

Die Einheit besteht darin, dass beide dasselbe göttliche Wesen haben. Die Verschiedenheit besteht darin, dass der Sohn Mensch geworden ist, um den Vater zu offenbaren. Aber der Vater ist nicht Mensch geworden.

Gott über uns
Gott für uns
Gott in uns

Wir glauben an den Heiligen Geist,
der Herr ist und lebendig macht,
der aus dem Vater und dem Sohn hervorgeht,
der mit dem Vater und dem Sohn angebetet
und verherrlicht wird.

Glaubensbekenntnis
von Nizäa-Konstantinopel,
in: Unser Glaube, 2013, S. 26

94 | **Wenn man das Gemeinsame als das Wesen Gottes bezeichnen kann, wie kann man dann das Unterscheidende bezeichnen?**

Der übliche theologische Begriff hierfür ist „Person". Der Nachteil dieses Begriffs besteht aber darin, dass er an getrennt voneinander existierende Persönlichkeiten erinnert und so leicht die Vorstellung von mehreren Göttern weckt.

95 | **Welche anderen Begriffe kommen dafür infrage?**

Man kann auch von unterschiedlichen „Seinsweisen" oder „Formen der Vergegenwärtigung" Gottes sprechen. Diese Begriffe drücken besser aus, dass Christen an einen einzigen Gott und nicht an mehrere Götter glauben.

96 | **Aber warum glauben wir Christen an einen *drei*einigen Gott und nicht nur an einen *zwei*einigen Gott?**

Weil dieselbe Einheit und Verschiedenheit nicht nur vom Vater und vom Sohn, sondern auch im Blick auf den Heiligen Geist gilt.

97 | **Wie kommt man darauf?**

Diese Erkenntnis ist die Antwort auf die Frage, wodurch wir uns dessen *gewiss* sind, dass sich in Jesus Christus Gott selbst offenbart.

98 | **Was ist der Gewinn dieser Erkenntnis?**

Wir entdecken so, dass wir nicht aus eigener Vernunft oder Kraft an Jesus Christus, unseren Herrn, glauben oder zu ihm kommen können, sondern dass uns der Heilige Geist durch das Evangelium beruft, erleuchtet und im Glauben erhält, wie Luther das formuliert hat.[44]

Wir können das Geheimnis
Gottes nicht begrifflich
durchschreiten, aber wir können
und müssen es umschreiten.
Die Trinitätslehre ist wie ein Wall,
der die Stadt schützt.
Aber der Wall ist nicht die Stadt.
Wir gehen mit den begrifflichen
Klärungen der Trinitätslehre
den Wall entlang. Aber wir gehen
mit ihr nicht durch die Stadt.
Die Stadt, das göttliche Geheimnis,
liegt innerhalb des Walls,
der Trinitätslehre. Wenn wir den
Wall in Schutz halten, bewahren wir
die Stadt.

Peter Brunner

Damit dieser Glaube entsteht, hat Gott das Predigtamt
eingesetzt, das Evangelium und die Sakramente gegeben,
durch die als Mittel der Heilige Geist wirkt, und –
wo und wann er will – die Herzen tröstet und Glauben
gibt denen, die das Evangelium hören.

Augsburgisches Bekenntnis,
Artikel 5, in: Unser Glaube, S. 49

99 | **Ist das eine neue Erkenntnis der Reformation?**

Nein, so steht es schon im Neuen Testament. Als Petrus zum ersten Mal – stellvertretend für alle Jünger – bekennt, dass Jesus „der Christus, des lebendigen Gottes Sohn" ist, antwortet Jesus ihm: „Selig bist du … denn Fleisch und Blut (das heißt: irgendwelche Menschen) haben dir das nicht offenbart, sondern mein Vater im Himmel."[45]

100 | **Aber Jesus spricht hier nicht vom Heiligen Geist, sondern vom Vater im Himmel. Das ist doch etwas anderes!**

Jesus will damit sagen, dass diese Einsicht nicht von Menschen, sondern von Gott stammt. Dass es Gottes *Geist* ist, der diese Einsicht wirkt, ist kein Widerspruch dazu, sondern sagt nur konkreter, wodurch das geschieht, nämlich durch den Heiligen Geist. Das kommt im Neuen Testament an vielen Stellen vor.[46]

101 | **Was für eine lebenspraktische Bedeutung hat die Trinitätslehre?**

Sie gibt auf Fragen eine Antwort, die viele Menschen beschäftigen: *Wo* kann ich Gott finden? und: *Wie* kann ich Gott finden?

102 | **Welche Antwort gibt die Trinitätslehre darauf?**

Sie sagt: Du kannst Gott *dort* finden, wo er sein Wesen zu erkennen gibt: in Jesus Christus; und du kannst Gott *so* finden, dass er sich dir durch seinen Geist zu erkennen gibt.

103 | **Was ist das *Lebenspraktische* an dieser Antwort?**

Es ist eine Antwort sowohl für Menschen, die gerne an Gott glauben würden, es aber nicht können[47], als auch für Menschen, die andere zum Glauben führen möchten, ohne dass es ihnen gelingt.

→ *Heilige Dreifaltigkeit,*
Batik von A. J. Thamburaj SJ

Die erste Hand ist grün in der Farbe des Lebens, der Fruchtbarkeit,
der Schöpfung. Die erhobene Hand zeigt Schutz an: Fürchte dich nicht!
Ich bin der Erste und der Letzte und der Lebendige, der Gott Abrahams,
Isaaks und Jakobs. Ich habe dich in meine Hände gezeichnet – dich,
Volk Israel, und dich, Volk aus vielen Völkern, das sich von alters her am
Zeichen des Fisches erkennt.

Man erkennt Sein Volk an der Liebe, der Frucht des Heiligen Geistes.
Rot ist die Farbe der Liebe und des Feuers. Aus der Mitte wachsen Kraft,
Dynamik, Energie, Bewegung, Wirkung. Der Wind entfacht fünf Feuer-
flammen. Gott, der Heilige Geist.

Blau sind Himmel, Meer, Unendlichkeit und die unendliche Liebe Jesu:
Eine durchbohrte Hand. Sie weist von oben nach unten: Durch Christus
kam der Himmel zur Erde: Gottheit und Menschheit vereinen sich beide.
Schöpfer, wie kommst du uns Menschen so nah!

Nach Hermann Bollmann,
Evangelisch-Lutherische Mission Erlangen

104 | Was sagt beiden die Trinitätslehre?

Sie sagt den einen: Suche weiter nach Gott, aber verzweifle nicht, wenn du ihn noch nicht findest. Und sie sagt den anderen: Verkündige weiter das Evangelium so klar, verständlich und gewinnend wie möglich, aber mache dir keine Vorwürfe, wenn sich die erhoffte Wirkung noch nicht einstellt.

105 | Ist das nicht allzu bequem?

Nein, als Einladung zur Bequemlichkeit wäre das missverstanden. Aber es ist tröstlich und ermutigend.

106 | Inwiefern ist das ermutigend?

Weil wir auf das Wirken des dreieinigen Gottes hoffen dürfen, der „will, dass alle Menschen gerettet werden und sie zur Erkenntnis der Wahrheit kommen".[48]

*Allmacht nenne ich nicht die Macht,
mit der Gott vieles nicht tut, was er
kann, sondern jene wirksame Macht,
mit der er alles in allem tut. Auf diese
Weise nennt die Heilige Schrift ihn
allmächtig ... Aber er wirkt nicht ohne
uns, die er eben dazu erneuert hat
und erhält, dass er in uns wirke und
wir mit ihm zusammenwirken.*

**Martin Luther,
Vom unfreien Willensvermögen,
in: LDStA 1, S. 487 und 573**

*Du bist nicht vom Kreuz herabgestiegen, als sie Dir unter Hohn
und Spott zuriefen: ›Steig herab vom Kreuz, und wir werden
glauben, dass Du es bist!‹ Du bist nicht herabgestiegen, weil Du
wiederum den Menschen nicht durch ein Wunder knechten
wolltest, weil Du nach seinem freien Glauben lechztest und
nicht nach Wunderglauben.*

**Fjodor Dostojewski, Der Großinquisitor,
in: Die Brüder Karamasow, S. 345**

VII.
Gottes Wirken
in der Welt

107 | **Wie wirkt Gott in der Welt?**
Gott wirkt überall, immer und in allem, auch durch Menschen.

108 | **Heißt das, dass eigentlich nur Gott wirkt und wir wie Marionetten sind?**
Gott hat uns als Personen erschaffen, die ihm antworten und mit ihm zusammenwirken können und sollen. Er will in allem wirken, aber nicht ohne uns.

109 | **Aber wenn Gott überall, immer und in allem wirkt, wo bleibt dann Raum für unser Handeln in eigener Verantwortung?**
Diesen Raum schafft und erhält Gott, indem er unsere Antwort auf seine Botschaft und unsere Gegenliebe nicht erzwingt, sondern erbittet und erwartet.

110 | **Warum erzwingt Gott sie nicht?**
Weil erzwungene „Liebe" keine Liebe und nichts wert ist.

111 | **Wirkt Gott in der Welt *nur* so, dass er uns bittet und uns die Freiheit zur Antwort gibt?**
Gottes Einladen und Bitten durch das Evangelium ist sein *eigentliches* Wirken, aber es ist nicht sein *einziges* Wirken.

Das Wunder ist nicht ein Widerspruch zu den Naturgesetzen, sondern ein Widerspruch zu dem, was wir von diesen Gesetzen wissen.

Augustin

Wahrheit zum Schmunzeln

Das Haus eines frommen Mannes wird vom Hochwasser überflutet. Er klettert auf das Dach und betet zu Gott um Rettung. Nach einiger Zeit kommt ein Boot, das ihn mitnehmen will, aber er lehnt ab, weil er Gott um Rettung gebeten habe. Danach kommt ein Hubschrauber und will ihn retten, aber er lehnt wieder ab mit der Begründung, er habe zu Gott gebetet und warte auf seine Hilfe. Kurz danach ertrinkt der Mann in den Fluten. Als er bei Gott ankommt, beschwert er sich darüber, dass seine Gebete um Rettung nicht erhört wurden. Aber Gott antwortet: „Ich habe dir ein Boot und einen Hubschrauber geschickt. Was hätte ich denn noch mehr tun können?"

Dem Wunder leise wie einem Vogel die Hand hinhalten.

Hilde Domin

Wie wenig Lärm machen die wirklichen Wunder.

Antoine de Saint-Exupéry

112 | **Auf welche andere Weise wirkt Gott noch?**
Gott erschafft und erhält die Welt ohne unser Zutun. Er gibt der Welt Ordnungen, Gesetze und Grenzen, die auch ohne unsere Zustimmung gelten.

113 | **In der Bibel wird oft von Wundern berichtet. Ist ein Wunder nicht die *Durchbrechung* von Naturgesetzen?**
Keineswegs. Ein solches Verständnis von Wundern ist zwar weit verbreitet und auch an einigen Stellen in der Bibel vorausgesetzt[49], aber es bietet keinen guten Zugang zu dem, was im christlichen Glauben als Wunder verstanden wird.

114 | **Warum passt dieses Verständnis nicht gut zum christlichen Glauben?**
Weil es nicht bedenkt, dass die Naturgesetze ein Teil der Ordnungen sind, die Gott selbst der von ihm erschaffenen Welt gegeben hat.

115 | **Aber könnte Gott nicht diese Gesetze notfalls durchbrechen?**
Das könnte Gott, aber es gehört zu Gottes Weisheit und Treue, dass er seine eigenen Gesetze nicht außer Kraft setzt.

116 | **Was wird stattdessen im christlichen Glauben unter einem Wunder verstanden?**
Ein Wunder ist ein Geschehen,
• das wir nicht herbeiführen können, das also für uns unverfügbar ist;
• das überraschend eintritt, so dass wir uns wundern[50];
• das für die betroffenen Menschen große Bedeutung hat[51];
• das als ein Zeichen auf Gott verweist und
• das ein Grund zur Dankbarkeit ist.[52]

Das Vaterunser

Vater unser im Himmel.
Geheiligt werde dein Name.
Dein Reich komme.
Dein Wille geschehe,
wie im Himmel, so auf Erden.
Unser tägliches Brot gib uns heute.
Und vergib uns unsere Schuld,
wie auch wir vergeben unsern
Schuldigern.
Und führe uns nicht in Versuchung,
sondern erlöse uns von dem Bösen.
Denn dein ist das Reich
und die Kraft und die Herrlichkeit
in Ewigkeit.
Amen.

Matthäus 6,9–13
(Ökumenische Fassung)

Manchmal sagt Gott als Antwort auf mein Gebet:
Geh und tu, was du von mir erbittest.

Gebet ist nicht Verzicht auf Tat,
es ist Anfang und Stärke der Tat.
Reinhold Schneider

117 | **Können wir durch unsere Gebete bewirken, dass Wunder geschehen?**

Wir dürfen und sollen im Gebet um Wunder bitten, aber wir *bewirken* dadurch nicht, dass sie geschehen, sondern wir beten als Christen „im Namen Jesu". Das heißt, wir beten unter der zweifachen Voraussetzung,
- dass Gott weiß, was wir bedürfen, ehe wir ihn bitten, und
- dass nicht unser Wille, sondern Gottes Wille geschehen soll.[53]

116 | **Welchen Sinn hat es dann überhaupt zu beten?**

Im Gebet öffnen wir uns für Gott, indem wir
- uns innerlich sammeln und still werden;
- vor Gott das aussprechen, was uns zutiefst bewegt;
- von Gott erbitten, was wir von ihm für uns und andere erhoffen;
- von Gott empfangen, was er uns geben will.

119 | **Könnte Gott uns nicht seine Gaben geben, ohne dass wir ihn darum bitten?**

Ja, wenn das sein Wille ist. Aber nur durch unser Beten können wir als Gabe *erkennen*, was wir von Gott empfangen und was er in uns wirkt.

120 | **Und was will Gott uns durch das Gebet geben?**

Vor allem seinen Heiligen Geist.[54]

121 | **Was haben wir davon?**

Davon haben wir die Gemeinschaft mit Gott, die uns zum Tragen des Schweren, zu einem dankbaren Leben, zur Gemeinschaft untereinander und zum Einsatz in dieser Welt motiviert und befähigt.

Was glaubst du von der heiligen allgemeinen christlichen Kirche?

Dass der Sohn Gottes aus dem ganzen menschlichen Geschlecht sich eine auserwählte Gemeinde zum ewigen Leben durch seinen Geist und Wort versammle, schütze und erhalte, und dass ich derselben ein lebendiges Glied bin und ewig bleiben werde.

Was glaubst du durch die Gemeinschaft der Heiligen?

Erstlich, dass alle und jede Gläubigen als Glieder an dem Herrn Christus und allen seinen Schätzen und Gaben Gemeinschaft haben. Zum andern, dass ein jeder seine Gaben zu Nutz und Heil der andern Glieder willig und mit Freuden anzulegen sich schuldig wissen soll.

**Heidelberger Katechismus,
Frage/Antwort 54 und 55**

Christus spricht: „Mir ist gegeben alle Gewalt im Himmel und auf Erden. Darum gehet hin und lehret alle Völker: Taufet sie auf den Namen des Vaters und des Sohnes und des Heiligen Geistes und lehret sie halten alles, was ich euch befohlen habe. Und siehe, ich bin bei euch alle Tage bis an der Welt Ende."
Matthäus 28,19–20

VIII.
Die Kirche
als die Gemeinschaft
des Glaubens

122 | **Reicht es nicht aus, dass wir als einzelne Menschen Christen sind, wozu brauchen wir die Gemeinschaft?**
Wir brauchen die Gemeinschaft mit Gott und die Gemeinschaft mit unseren Mitchristen, weil wir nur in Beziehung miteinander und füreinander leben und in dieser Welt wirken können.

123 | **Ist das der Grund, warum es eine christliche Kirche gibt?**
Ja, und zwar als Gemeinschaft des Glaubens.

124 | **Heißt es nicht eigentlich: Sie ist die Gemeinschaft der *Glaubenden*?**
Das ist sie auch: die Gemeinschaft der glaubenden Menschen untereinander. Aber sie ist vor allem Gemeinschaft mit dem dreieinigen Gott, durch den und an den wir glauben.

125 | **Wenn wir durch Gott an Gott glauben, wozu brauchen wir dann die Gemeinschaft von Menschen?**
Weil die christliche Botschaft uns durch Menschen weitergegeben wird, indem sie durch ihr Leben von Christus Zeugnis geben, so wie Christus Gott, den Vater, bezeugt. Solches Zeugnis in Wort und Tat ist im eigentlichen Sinne Mission. Das hat nichts mit Abwerben oder Aufdrängen zu tun, sondern nimmt den anderen Menschen ernst und respektiert ihn, indem sie ihm das Evangelium nicht verschweigt und schuldig bleibt.

Ich bin es müde, mein eigener Ratgeber zu sein. Ich brauche das Gespräch mit einem Text, der mehr weiß als ich selber. Ich brauche das Gespräch mit einer Tradition, die älter ist als ich selber. Ich brauche das Gespräch mit einem Lehrer, dem ich Autorität verleihe. Ich brauche die Bilder, die Lebensentwürfe und die Weisheit, die sich andere vor mir erdacht haben.

Abt Stephan Schröer OSB in einem Interview im Deutschen Allgemeinen Sonntagsblatt

Wer nicht die Heilige Schrift hat, muss sich mit seinen Gedanken begnügen. Wer keinen Kalk hat, mauert mit Dreck.

Martin Luther

126 | **Wir haben doch die Bibel, an die wir uns halten können. Reicht das nicht?**

Die Bibel ist die unersetzliche Quelle und Richtschnur für den christlichen Glauben. Aber die Bibel selbst ist menschliches Glaubenszeugnis. Wir haben sie nur, weil Menschen – bewegt durch Gottes Geist – die Texte geschrieben haben, die in der Bibel gesammelt sind. Die christliche Kirche hat immer wieder dafür gesorgt, dass Bibeln abgeschrieben, gedruckt, übersetzt und weitergegeben werden.

127 | **Reicht es nicht, wenn jeder für sich die Bibel liest?**

Das Lesen der Bibel ist grundlegend, aber das Gelesene muss auch erklärt werden, damit es verstanden und im Glauben geteilt wird, um Gemeinschaft stiften zu können. Und daran dürfen und sollen sich alle Christenmenschen beteiligen – frei und furchtlos auch Anders- oder Nichtgläubigen gegenüber.

128 | **Wird das Evangelium *nur* durch Schreiben und Lesen, Reden und Hören weitergegeben?**

Nein, zum Beispiel auch durch Musik, bildende Kunst, Diakonie, gelebte Vorbilder und durch besondere Zeichen und Handlungen.

129 | **Welche Zeichen und Handlungen sind das?**

Zum Beispiel das Zeichen des Kreuzes auf dem Altar oder als Segenszeichen und vor allem die Sakramente.[55]

130 | **Was sind Sakramente?**

Sakramente sind sichtbare Zeichen, die von Jesus Christus eingesetzt sind, damit Menschen das Heil ganz persönlich und leibhaft spürbar wahrnehmen und empfangen können.[56]

→ Lucas Cranach d. Ä.,
1472–1553, „Reformations-
altar der Stadtpfarrkirche
St. Marien in Wittenberg",
um 1547–1552,
(Melanchthon nimmt als
Laie die Taufe vor)

*Trotz Unterschieden im Verständnis von Kirche besteht zwischen uns ein Grundeinver-
ständnis über die Taufe. – Deshalb erkennen wir jede nach dem Auftrag Jesu im Namen
des Vaters und des Sohnes und des Heiligen Geistes mit der Zeichenhandlung des
Untertauchens im Wasser bzw. des Übergießens mit Wasser vollzogene Taufe an und
freuen uns über jeden Menschen, der getauft wird. Diese wechselseitige Anerkennung
der Taufe ist Ausdruck des in Jesus Christus gründenden Bandes der Einheit. Die so
vollzogene Taufe ist einmalig und unwiederholbar.*

**Magdeburger Erklärung zur Anerkennung der Taufe,
von elf Kirchen in Deutschland am 29. April 2007 unterzeichnet**

131 | Wie viele Sakramente gibt es und welche sind das?

Die meisten christlichen Kirchen kennen und praktizieren sieben Sakramente: die Taufe, die Firmung, das Abendmahl (häufig „Eucharistie" genannt), die Buße, die Weihe bzw. Ordination, die Ehe und die Krankensalbung.

132 | Gilt das auch für die Evangelische Kirche?

Nein, die Evangelische Kirche anerkennt und praktiziert nur zwei Sakramente: die Taufe und das Abendmahl, weil nur diese beiden Sakramente von Jesus Christus eingesetzt, mit einer Heilsverheißung und einem sichtbaren Element verbunden sind.

133 | Was sind das für Elemente?

Bei der Taufe ist es das Wasser, beim Abendmahl sind es das Brot und der Kelch mit Wein.

134 | Wann und wo hat Jesus Christus diese Sakramente eingesetzt?

Die Taufe hat er nach seiner Auferstehung durch den Taufbefehl eingesetzt.[57] Das Abendmahl hat er am Abend, bevor er verraten und gekreuzigt wurde, eingesetzt.[58]

135 | Mit welcher Verheißung sind die beiden Sakramente verbunden?

Es ist die Verheißung, durch Taufe und Abendmahl mit dem dreieinigen Gott verbunden zu sein und dadurch Vergebung der Sünden und Kraft zu einem Leben nach dem Willen Gottes zu empfangen.

*Im Abendmahl schenkt sich der auferstandene Jesus
Christus in seinem für alle dahingegebenen Leib
und Blut durch sein verheißendes Wort mit Brot und Wein.
Er gewährt uns dadurch Vergebung der Sünden und
befreit uns zu einem neuen Leben aus Glauben. Er lässt
uns neu erfahren, dass wir Glieder an seinem Leib sind.
Er stärkt uns zum Dienst an den Menschen.*

**Leuenberger Konkordie der Reformatorischen
Kirchen in Europa
aus dem Jahr 1973, Teil II, Absatz 15**

→ *Lucas Cranach d. Ä. 1472–1553,
„Reformationsaltar der Stadtpfarrkirche St. Marien
in Wittenberg", um 1547–1552*

136 | **Wenn die Verheißung bei beiden Sakramenten dieselbe ist, warum reicht dann nicht *ein* Sakrament?**

Die Taufe ist das Sakrament des *Anfangs* des Christenlebens: Wie *werde* ich Christ? Das Abendmahl ist das Sakrament des *Fortgangs* des Christenlebens: Wie *bleibe* ich Christ?

137 | **Was geschieht in der Taufe?**

Durch das Besprengtwerden mit Wasser bzw. durch das Untergetauchtwerden in Wasser[59] und durch das Aussprechen der trinitarischen Taufformel wird der sündige Mensch symbolisch von der Sünde reingewaschen bzw. als „alter Mensch" ertränkt und als „neuer Mensch" Jesus Christus zugeeignet und in die Kirche eingegliedert. Damit sagt Gott dem einzelnen Menschen unwiderruflich seine heilvolle Gemeinschaft zu.

138 | **Und was geschieht im Abendmahl?**

Im Abendmahl wird diese Zusage für die Christen im Blick auf den Fortgang ihres Christenlebens bekräftigt. Deshalb wird das Abendmahl auch als Wegzehrung für das Christenleben bezeichnet.

139 | **Könnte man dann nicht einfach die Taufe möglichst oft *wiederholen*?**

Nein! Denn das würde den Eindruck wecken, als hätte die Taufe im Lauf der Zeit ihre Gültigkeit verloren und müsste erneuert werden. Doch wiederholte Tauf*erinnerung* ist diesem Sakrament angemessen.

140 | **Aber verliert die Taufe nicht tatsächlich durch die Abwendung des Menschen vom Glauben ihre Gültigkeit?**

Nein! Die Taufe bleibt als Gottes Heilszusage unverbrüchlich gültig, aber sie wird im Leben des Menschen, der sich vom Glauben und von der Gemeinschaft des Glaubens abwendet, nicht wirksam.

→ Predella des Reformationsaltars der Stadtpfarrkirche St. Marien
in Wittenberg aus der Cranach-Werkstatt. Ältere Teile, um 1539,
Lucas Cranach d. Ä. (1472–1553) zugeschrieben. Vollendung bis 1547
durch Lucas Cranach d. J.

Das Wort tritt zum Element hinzu,
und so entsteht das Sakrament.
Augustin

141 | **Wie kann man sich vorstellen, dass etwas gültig bleibt, aber nicht wirksam wird?**

Es ist vergleichbar einer Gutschrift auf einem Bankkonto, die gültig bleibt, aber für den Empfänger nicht wirksam wird, solange er davon nichts weiß, es nicht glaubt oder es nicht in Anspruch nimmt.

142 | **Heißt das, dass der Mensch durch seinen Glauben das „Taufkapital" für sein Leben in Anspruch nimmt?**

Ja, so kann man das sagen.

143 | **Aber woher kommt der Glaube?**

Der Glaube kommt durch das hörbare und sichtbare Wort Christi[60], also durch Predigt und Sakrament – wo und wann es von Gott vorgesehen ist.[61]

144 | **Könnte der Glaube auch allein durch das Hören einer Predigt entstehen?**

Ja.

145 | **Sind die Sakramente dann eigentlich überflüssig?**

Nein, die Sakramente sind nicht überflüssig; denn wir werden als leibhafte Wesen nicht nur über unseren Verstand, sondern auch über unsere Sinne angesprochen. Deshalb sollen wir die Sakramente nicht geringschätzen oder verachten, sondern dankbar in Anspruch nehmen.

146 | **Sind die verschiedenen christlichen Kirchen durch die Sakramente miteinander verbunden oder voneinander getrennt?**

Durch die Taufe sind die meisten Kirchen miteinander verbunden. Durch das Abendmahl sind sie weithin voneinander getrennt.

Nur durch die katholische Kirche Christi kann man die ganze Fülle der Heilsmittel erlangen. Denn einzig dem Apostelkollegium, dem Petrus vorsteht, hat der Herr, so glauben wir, alle Güter des Neuen Bundes anvertraut, um den einen Leib Christi auf Erden zu bilden, dem alle völlig einverleibt werden müssen, die schon auf irgendeine Weise zum Volke Gottes gehören.

2. Vatikanisches Konzil, Dekret über den Ökumenismus, DH 4190

Noch verhindern wesentliche Unterschiede im Glauben die sichtbare Einheit. Es gibt verschiedene Auffassungen, vor allem von der Kirche und ihrer Einheit, von den Sakramenten und den Ämtern. Damit dürfen wir uns nicht abfinden. Jesus Christus hat uns am Kreuz seine Liebe und das Geheimnis der Versöhnung geoffenbart; in seiner Nachfolge wollen wir alles uns Mögliche tun, die noch bestehenden kirchentrennenden Probleme und Hindernisse zu überwinden.

Aus der Charta Oecumenica vom 22. April 2001

Abendmahlsgemeinschaft ist möglich
Thesen zur eucharistischen Gastfreundschaft

These 1: *Nicht die Zulassung getaufter Christen zum gemeinsamen Abendmahl, sondern deren Verweigerung ist begründungspflichtig.*

These 2: *Die gelebte ökumenische Gemeinschaft vor Ort und die fehlende Gemeinschaft im Abendmahl widersprechen sich. Dies schwächt das den Kirchen aufgetragene Zeugnis und lässt sie angesichts der gesellschaftlichen Herausforderungen unglaubwürdig erscheinen.*

These 3: *In zahlreichen Ausnahmefällen wird Einzelnen schon heute Abendmahlsgemeinschaft gestattet.*

These 4: *Die Taufe ist das Tor zur Gemeinschaft der Kirche, dem Leib Christi, der im Abendmahl je neu konstituiert wird.*

These 5: *Jesus Christus lädt zum Abendmahl ein. Er ist Geber und Gabe. Allein in seinem Namen und Auftrag spricht die Kirche die Einladung aus. Dies kann nicht unterschiedslos geschehen, sondern muss dem Willen Jesu Christi entsprechen.*

These 6: *Abendmahlsgemeinschaft reicht weiter als Kirchengemeinschaft ..*

Ökumenische Institute in Straßburg, Tübingen und Bensheim

147 | **Heißt das, dass nicht alle Christen miteinander das Abendmahl feiern können?**

Nach der Lehre der Katholischen Kirche ist es nicht möglich, mit der Evangelischen Kirche gemeinsam das Abendmahl zu feiern; auch dürfen die Mitglieder beider Kirchen nicht als Gäste an der Feier des Abendmahls der jeweils anderen Kirche teilnehmen – außer in gravierenden Ausnahmefällen. Dagegen laden die Evangelischen Kirchen auch katholische Christen als Gäste zum Abendmahl ein.

148 | **Warum kann sich die Katholische Kirche nicht für das gemeinsame Abendmahl öffnen?**

Weil nach katholischer Lehre nur ein Priester, der von einem katholischen Bischof geweiht ist, die Feier des Abendmahls gültig leiten kann.

149 | **Wie verträgt sich das mit der Ökumene, die doch auch von der Katholischen Kirche bejaht und gefördert wird?**

Das Ziel des Ökumenismus, den die Katholische Kirche vertritt, ist die Wiedervereinigung der getrennten Kirchen unter dem Papst als Oberhaupt. Ohne eine solche Wiedervereinigung ist aus ihrer Sicht keine gemeinsame Feier des Abendmahls möglich.

150 | **Welches ökumenische Ziel vertreten die Evangelischen Kirchen?**

Das ökumenische Ziel der Evangelischen Kirchen ist die Gemeinschaft der getrennten Kirchen, die in der gemeinsamen Feier des Abendmahls ihren sichtbaren Ausdruck findet.

Meine lieben Freunde: Wir wollen
jetzt dieses neue Haus einsegnen ...,
dass darin nichts anderes geschehe,
als dass unser lieber Herr selbst
mit uns rede durch sein heiliges Wort
und wir wiederum mit ihm reden
durch Gebet und Lobgesang.

Aus Martin Luthers Predigt
zur Einweihung der
Torgauer Schlosskirche, 1546

IX.
Der Auftrag der Christen in der Welt

151 | **Findet das christliche Leben nur in der Kirche und im Gottesdienst statt?**

Der christliche Gottesdienst ist das Zentrum und die Quelle des christlichen Lebens: In ihm empfangen wir gemeinsam durch Wortverkündigung, Sakramente und Segen die Zusage von Gottes Liebe und antworten darauf durch unser Gebet (in Klage, Bitte und Fürbitte, Lob, Dank und Anbetung) durch das Glaubensbekenntnis und durch Gesang. Aber das, was wir im Gottesdienst erleben, soll sich im alltäglichen Leben bewähren.

152 | **Wie geschieht das?**

Das geschieht zum Beispiel dadurch, dass wir unseren Lebensrhythmus durch die Gemeinschaft mit Gott bestimmen lassen.

153 | **Wie soll man sich das vorstellen?**

So, dass wir
• den Tag mit Gebet und Bibellese beginnen und beenden,
• durch Tischgebete für die Mahlzeiten danken
  und um Gottes Segen bitten,
• Gottesdienst mit der Gemeinde feiern und
• die Feste des Kirchenjahres begehen.[62]

Lasst uns aber wahrhaftig sein
in der Liebe und wachsen in allen Stücken
zu dem hin, der das Haupt ist, Christus.
Epheser 4,15

Christen sind nicht im Gewordensein, sondern im Werden.

Martin Luther, Anmerkungen zum Matthäusevangelium, WA 38, 568, 37

Bibel teilen – Glauben teilen

1. Wir laden Gott ein.

*Wir öffnen uns für seine Gegenwart.
Einer spricht dies aus.*

2. Wir lesen den Bibeltext.

*Wenn alle die Schriftstelle aufgeschlagen
haben, liest einer den Text vor.*

3. Wir verweilen beim Text.

*Welches Wort ist für mich wichtig?
Die Teilnehmer lesen dieses Wort
(oder einen Satz) vor – vielleicht mehr-
mals – mit Pausen, damit das Wort „einsi-
ckern" kann.*

4. Wir schweigen.

*Nachdem der Text noch einmal
im Zusammenhang gelesen wurde,
bleibt man eine festgesetzte Zeit
(z. B. 5 Minuten) in der Stille, damit
Gott zu uns sprechen kann.*

5. Wir teilen (mit), was uns berührt.

*Keine „Predigt", keine Diskussion:
Ich sage den anderen, was ich empfinde.*

6. Wir besprechen, was Gott von uns will.

*Wir wollen unser Leben und unsere
Arbeit im Licht des Wortes Gottes sehen.*

7. Wir beten.

*Jeder kann frei beten, was ihn freut
oder ihm auf dem Herzen liegt.
Zum Schluss betet man gemeinsam das
Vaterunser.*

154 | Wer hat davon etwas?

Zunächst der Mensch selbst, der so lebt. Da wir aber nie als isolierte Einzelne, sondern immer in Beziehung und Gemeinschaft untereinander leben, wirkt sich das auch auf unsere Mitmenschen aus.

155 | An wen kann man da denken?

An die Mitglieder unserer Familien, Gemeinden und Vereine, an Freunde, Nachbarn und Arbeitskollegen.

156 | Was haben diese Menschen von unserem christlichen Leben?

Sie können dadurch etwas davon spüren, wie das Leben eines Menschen durch den Glauben an Gott gestaltet wird und sich verändern kann, und sie werden dadurch auf die Möglichkeit aufmerksam, auch selbst aus dem Vertrauen auf Gott zu leben.

157 | Wie kann sich das Leben durch den Glauben an Gott positiv verändern?

Der Glaube befreit Menschen zur Wahrheit, befähigt zur Lieben und macht dankbar.

158 | Können Christen dabei auch versagen und dadurch etwas ganz anderes ausstrahlen?

Ja, das ist leider so, weil der Glaube uns zwar verändert, aber wir weiterhin der Verführungsmacht des Bösen ausgesetzt bleiben.

→ Sieger Köder, „Ihr habt mir zu essen gegeben"
(Matthäus 25), Werke der Barmherzigkeit

159 | **Werden Christen dadurch für ihre Mitmenschen unglaubwürdig?**

Das kann so sein. Ob sie unglaubwürdig werden, hängt aber vor allem davon ab, ob sie offen und ehrlich auch zu ihren Schwächen und Fehlern stehen oder ob sie diese verharmlosen, verleugnen und vertuschen. Das gilt auch für die Kirchen insgesamt.

160 | **Worin besteht die Mitverantwortung, Wirkung und Ausstrahlung der christlichen Kirche in der Gesellschaft?**

Die christliche Glaubensgemeinschaft hat von früh an die gesellschaftlichen Strukturen mit den biblisch gebotenen „Werken der Barmherzigkeit"[63] in ihrer Umgebung beeinflusst: Sie schuf diakonische und pädagogische Einrichtungen, zum Beispiel Armenkassen, Spitäler, Hospize, christliche Bestattungsrituale, Schulen und Universitäten, durch die sie menschliche Not beheben oder lindern, bessere Lebensverhältnisse schaffen und Tote würdig beerdigen wollte. Und sie tut das bis heute in der Hoffnung auf Gottes neue Welt.

161 | **Erreichen die Kirchen dadurch alle Menschen und alle Bereiche der Gesellschaft?**

Durch ihre diakonischen und pädagogischen Einrichtungen und durch kulturelle Aktivitäten erreichen sie viele, aber nicht alle Menschen. Trotzdem tragen sie darüber hinaus auch Mitverantwortung für die Lebensverhältnisse auf der ganzen Erde.

162 | **Wie nehmen die Kirchen und die einzelnen Christen diese Mitverantwortung wahr?**

Sie nehmen sie zum Beispiel dadurch wahr, dass sie sich in bestimmten Projekten oder Initiativen, Verbänden oder Parteien engagieren.

Wir halten es für eine selbstverständliche Wahrheit, dass alle Menschen gleich geschaffen sind. Ich habe den Traum, dass eines Tages die Söhne ehemaliger Sklaven und die Söhne ehemaliger Sklavenhalter am Tisch der Brüderlichkeit sitzen werden. Ich habe den Traum, dass meine vier Kinder eines Tages in einer Nation leben werden, wo man sie nicht nach der Farbe ihrer Haut, sondern nach dem Charakter beurteilt.

Martin Luther King

Fürchtet Gott, ehrt den König.
1. Petrus 2,17

Die Schrift sagt uns, dass der Staat nach göttlicher Anordnung die Aufgabe hat, in der noch nicht erlösten Welt, in der auch die Kirche steht, nach dem Maß menschlicher Einsicht und menschlichen Vermögens unter Androhung und Ausübung von Gewalt für Recht und Frieden zu sorgen. Die Kirche erkennt in Dank und Ehrfurcht gegen Gott die Wohltat dieser seiner Anordnung an. Sie erinnert an Gottes Reich, an Gottes Gebot und Gerechtigkeit und damit an die Verantwortung der Regierenden und Regierten. Sie vertraut und gehorcht der Kraft des Wortes, durch das Gott alle Dinge trägt.

Wir verwerfen die falsche Lehre, als solle und könne der Staat über seinen besonderen Auftrag hinaus die einzige und totale Ordnung menschlichen Lebens werden und also auch die Bestimmung der Kirche erfüllen. Wir verwerfen die falsche Lehre, als solle und könne sich die Kirche über ihren besonderen Auftrag hinaus staatliche Art, staatliche Aufgaben und staatliche Würde aneignen und damit selbst zu einem Organ des Staates werden.

Barmer Theologische Erklärung von 1934, Artikel 5

163 | **Was sind die Maßstäbe und Ziele für die christliche Verantwortung in der Gesellschaft?**

An erster Stelle steht die Gottebenbildlichkeit jedes Menschen als Grund seiner Menschenwürde, mit der auch seine politische Freiheit[64] begründet ist. Christen setzen sich besonders für Frieden, Gerechtigkeit und Bewahrung der Schöpfung ein.

164 | **Können Christen in der Gesellschaft dabei nur mit anderen *Christen* zusammenarbeiten?**

Nein. Sie können und sollen auch mit Nicht-Christen zusammenarbeiten. Sie müssen sich bewusst sein, dass dabei unter Umständen unterschiedliche Ziele, Motive oder Methoden im Spiel sind. Deshalb müssen sie prüfen, inwieweit Zusammenarbeit möglich ist.

Nun aber ist Christus auferweckt
von den Toten als Erstling unter denen,
die entschlafen sind. Denn da durch
einen Menschen der Tod gekommen ist,
so kommt auch durch *einen* Menschen
die Auferstehung der Toten. Denn wie in
Adam alle sterben, so werden in Christus
alle lebendig gemacht werden.
1. Korinther 15,20–22

*Wo also und mit wem auch immer Gott redet, sei es, dass er im
Zorn, sei es, dass er in der Gnade redet, der ist gewiss unsterblich.
Die Person des redenden Gottes und das Wort bedeuten, dass wir
solche Kreaturen sind, mit denen Gott in Ewigkeit und auf unsterb-
liche Weise reden will.*
Martin Luther, Auslegung des 1. Buchs Mose, WA 43, 481, 32–35

X.
Christliche Hoffnung über den Tod hinaus

165 | **Was erhoffen Christen über den Tod hinaus?**

Sie hoffen auf die Auferstehung der Toten und das ewige Leben.

166 | **Wie kommen Christen dazu, über den Tod hinaus zu hoffen?**

Der Glaube an das Evangelium von Jesus Christus enthält die Gewissheit, dass Gott mit uns ewig Gemeinschaft haben will, und der Glaube an die Auferstehung Jesu Christi von den Toten bestätigt diese Gewissheit.

167 | **Ist es schon eine Bestätigung dieser Hoffnung, dass Jesus bereits zu seinen Lebzeiten Tote auferweckt hat?[65]**

Ja, aber nur zeichenhaft; denn diese Auferweckten sind alle wieder gestorben. Ihre Lebenszeit wurde zwar verlängert, aber sie hatten den Tod erneut vor sich.

168 | **Was ist stattdessen die Auferweckung Jesu Christi und die für uns erhoffte Auferweckung der Toten?**

Sie ist die endgültige Überwindung des Todes und die Anteilhabe an Gottes ewigem Leben, für das es keine Begrenzung gibt.

Auf, auf, mein Herz, mit Freuden

(1) Auf, auf, mein Herz, mit Freuden nimm wahr, was heut geschicht; wie kommt nach großem Leiden nun ein so großes Licht! Mein Heiland war gelegt da, wo man uns hinträgt, wenn von uns unser Geist gen Himmel ist gereist.

(6) Ich hang und bleib auch hangen an Christus als ein Glied; wo mein Haupt durch ist gangen, da nimmt er mich auch mit. Er reißet durch den Tod, durch Welt, durch Sünd, durch Not, er reißet durch die Höll, ich bin stets sein Gesell.

Paul Gerhardt, Evangelisches Gesangbuch 112,1 und 6

→ *Sieger Köder, „Ich sah das neue Jerusalem wie eine Braut"*

169 | **Ist denn mit dem Tod nicht alles für uns aus?**

Nein. Gottes Beziehung zu uns endet nicht mit unserem Tod. Und alles, wozu Gott in Beziehung ist, hat Bestand.[66]

170 | **Was sagt die Bibel über das ewige Leben?**

Das Neue Testament ist zurückhaltend mit seinen Aussagen über das ewige Leben.[67] Es gebraucht vor allem das Bild eines Festmahls oder Hochzeitsmahls[68] als Ausdruck für die ungetrübte Gemeinschaft mit Gott und in Gott. Das bringt Paulus durch den tröstlichen Satz zum Ausdruck: „so werden wir beim Herrn sein allezeit" (1. Thessalonicher 4,17).

171 | **Ist das ewige Leben also eine Fortsetzung des irdischen Lebens?**

Es ist eine radikale Verwandlung[69] durch den Tod hindurch, also eine Neuschöpfung.[70]

172 | **Werden alle Menschen an Gottes ewigem Leben Anteil haben?**

Gott will, dass keines seiner Geschöpfe verlorengeht,[71] aber wir wissen nicht, was es bedeutet, wenn Menschen nie etwas von Gott oder vom Evangelium gehört, sich nie dafür geöffnet oder sich sogar dagegen entschieden haben.[72]

173 | **Müssten wir das nicht wissen?**

Nein. Das Neue Testament betont, dass wir das letzte und höchste, also das „Jüngste" Gericht ganz Gott überlassen sollen.[73] Er übt dieses Gericht durch Jesus Christus aus. Der kommende Richter ist kein anderer als der gekommene Retter: Jesus Christus.[74]

174 | **Welche Bedeutung hat dieses Gericht Gottes?**

Das Jüngste Gericht erinnert uns an die Einmaligkeit unseres Lebens und an den Ernst von Gottes Heilsverheißung.[75]

1. Und suchst du mei-ne Sün-de, flieh ich von dir   zu   dir,

Ur-sprung, in den ich mün-de,   du fern und nah   bei mir.

(2) Wie ich mich wend und drehe, geh ich von dir zu dir;
die Ferne und die Nähe sind aufgehoben hier.

(3) Von dir zu dir mein Schreiten, mein Weg und meine Ruh,
Gericht und Gnad, die beiden bist du – und immer du.

Schalom Ben-Chorim,
Evangelisches Gesangbuch 237,1–3

Wir danken Gott allezeit für euch alle und
gedenken euer in unseren Gebeten und denken
ohne Unterlass vor Gott, unserm Vater,
an euer Werk im **Glauben** *und an eure Arbeit in*
der **Liebe** *und an eure Geduld in der* **Hoffnung**
auf unsern Herrn Jesus Christus.

1. Thessalonicher 1,2–3

175 Ist dieses Jüngste Gericht nicht mit der Drohung verbunden, ewig verlorenzugehen und in die Hölle zu kommen?

Die Rede vom Jüngsten Gericht und von der Verdammnis ist keine Drohung, sondern eine Warnung.

176 Was ist der Unterschied zwischen Drohung und Warnung?

Wer droht, will andere durch Sanktionen, über die er verfügt, einschüchtern oder zum Gehorsam zwingen. Wer warnt, möchte andere vor Schaden bewahren, der als Folge eines bestimmten Verhaltens eintreten kann.[76]

177 Soll auch die Verkündigung des Jüngsten Gerichts uns vor Schaden bewahren?

Ja, sogar vor dem größten Schaden, nämlich die Gemeinschaft mit Gott in Ewigkeit zu verlieren.

178 Was bewirkt dieses von Jesus Christus geübte Gericht?

Es dient dazu, an unserem Leben das, was nichtig ist, zu unterscheiden von dem, was bleibt.[77]

179 Und was bleibt aus der Sicht des christlichen Glaubens?

Paulus sagt: Es „bleiben Glaube, Hoffnung, Liebe, diese drei; aber die Liebe ist die größte unter ihnen".[78]

180 Kommt es im Leben und im Sterben also letztlich vor allem *darauf* an?

Ja, *darauf* kommt es an.

Anmerkungen

I. Menschen fragen nach dem Sinn des Lebens

1 Paulus drückt das so aus: „Was hast du, das du nicht empfangen hast? Wenn du es aber empfangen hast, was rühmst du dich dann, als hättest du es nicht empfangen?" (1. Korinther 4,7).

2 Der Ausdruck „himmelschreiendes Verbrechen" ist aus der biblischen Geschichte von Kain und Abel abgeleitet, in der Gott zu Kain sagt: „Die Stimme des Blutes deines Bruders schreit zu mir von der Erde" (1. Mose 4,10), aber das Leben des Brudermörders Kain wird von Gott trotzdem unter Schutz gestellt.

II. Gottes Gebote und unser menschliches Verhalten

3 So z.B. 5. Mose 7,1–2; 5. Mose 13,16; Josua 10,40.

4 So z.B. 1. Mose 9,6; 2. Mose 22,17–19; 3. Mose 17,14; 3. Mose 20,13.

5 Nicht alle christlichen Kirchen haben diese Einteilung und Zählung der Zehn Gebote, sondern nur die Römisch-Katholische, die Evangelisch-Lutherische Kirche und die Unierten Kirchen. Die Orthodoxen, Anglikanischen und Reformierten Kirchen weichen davon ab. Sie verstehen das Verbot, sich Bildnisse zu machen, als ein eigenständiges, zweites Gebot (und fassen die zwei letzten Gebote zu einem Gebot zusammen). Für die Reformierten Kirchen folgt daraus die Ablehnung bildlicher Darstellungen Gottes und Jesu Christi. Das Judentum zählt die Selbstvorstellung Gottes als erstes Gebot und fasst das Fremdgötterverbot und das Bilderverbot zu einem zweiten Verbot zusammen. Ebenso fasst es die beiden letzten Gebote katholisch-lutherischer Zählung zu einem Gebot zusammen.

6   Der Kleine Katechismus Doktor Martin Luthers, Neubearbeitete Ausgabe 1986, S. 3.

7   Dazu gehören zum Beispiel bestimmte Tiere oder Speisen, Körperflüssigkeiten, Leichname und Kleidungsstücke, (siehe z. B. 3. Mose 17,10–16; 5. Mose 14,3–8; 5. Mose 22,5; Jesaja 66,17). Wer mit Dingen oder Lebewesen Kontakt hatte, die als religiös unrein galten, wurde dieser Vorstellung nach selbst unrein und durfte (vorerst) nicht mehr am Kultus (Gottesdienst) teilnehmen.

8   Matthäus 5,38–42 und Lukas 7,27–31.

9   Das geht aus Markus 7,14–23; Apostelgeschichte 10,13–15; Römer 14,14; 1. Timotheus 4,4 und Titus 1,15 hervor.

10 1. Korinther 11,4–10, aber dazu gehört auch das Verbot für Frauen zu lehren (1. Timotheus 2,12).

11 2. Mose 20,1–17 und 5. Mose 5,6–21.

12 Damit können Menschen (z. B. Idole, Führergestalten, Liebespartner) oder Dinge (z. B. Geld, Karriere, Ansehen und Aussehen) gemeint sein, an die Menschen ihr Herz hängen und sich von ihnen abhängig machen.

13 Tobias 4,15.

14 Matthäus 7,12, siehe auch Lukas 6,31.

15 Die neutestamentlichen Formulierungen des Doppelgebots der Liebe finden sich in Matthäus 22,37 und 39; Markus 12,30 f. und Lukas 10,27. Die alttestamentlichen Formulierungen des Gebotes der Gottesliebe und der Nächstenliebe stehen in 5. Mose 6,5 und 3. Mose 19,18 b.

16 Die grundlegende christliche Antwort auf die Frage: „Wer ist mein Nächster?" hat Jesus in der Beispielgeschichte vom barmherzigen Samariter in Lukas 10,29–37 gegeben.

17 Es bedeutet auch, dass die Beziehung zu uns selbst gestört ist; denn die Gottesbeziehung ist die Grundlage *aller* Beziehungen.

18 Die Bedeutung der Vergebung wird durch Jesu Gleichnis vom Schalksknecht (Matthäus 18,21–35) eindrücklich dargestellt.

19 Das hat Paulus in Galater 4,4–7 beschrieben.

20 So heißt es in Hebräer 11,1: „Es ist aber der Glaube eine feste Zuversicht dessen, was man hofft, und ein Nichtzweifeln an dem, was man nicht sieht." Statt „Nichtzweifeln" wäre es genauer zu übersetzen mit „Überführtwerden".

III. Gott offenbart sein Wesen in Jesus Christus

21 Im ersten Artikel der Barmer Theologischen Erklärung von 1934 ist das Bekenntnis zu Jesus Christus aufgenommen mit den Worten: „Jesus Christus, wie er uns in der Heiligen Schrift bezeugt wird, ist das eine Wort Gottes, das wir zu hören, dem wir im Leben und Sterben zu vertrauen und zu gehorchen haben. – Wir verwerfen die falsche Lehre, als könne und müsse die Kirche als Quelle ihrer Verkündigung außer und neben diesem einen Wort Gottes auch noch andere Ereignisse und Mächte, Gestalten und Wahrheiten als Gottes Offenbarung anerkennen."

22 So steht es in Hebräer 1,1 f.

23 So sagt Paulus es in Römer 1,20.

24 In Johannes 7,16 f. beschreibt Jesus diesen Zusammenhang mit folgenden Worten: „Meine Lehre ist nicht von mir, sondern von dem, der mich gesandt hat. Wenn jemand dessen Willen tun will, wird er innewerden, ob diese Lehre von Gott ist oder ob ich aus mir selbst aus rede." Ohne Vertrauen kann man gar nichts erkennen und darum auch nichts wissen. Alles Wissen setzt Vertrauen voraus, z. B. das Vertrauen auf die Zuverlässigkeit unserer Sinneswahrnehmung und auf die Gesetze der Logik.

25 Das bringt Psalm 23,4 mit den Worten zum Ausdruck: „Und ob ich schon wanderte im finstern Tal, fürchte ich kein Unglück; denn du bist bei mir."

26 Das wird so berichtet in Markus 1,15 und Matthäus 3,2.

27 Nach 1. Mose 3,5 lautet die Versuchung, die den Menschen zur Sünde verführt: „Ihr werdet sein wie Gott und wissen, was gut und böse ist." Jesus wurde versucht, indem der Teufel ihm alle Reiche der Welt und ihre Herrlichkeit zeigte mit dem Versprechen: „Das alles will ich dir geben, wenn du niederfällst und mich anbetest" (Matthäus 4,9).

28 Siehe dazu vor allem die Ostererzählungen in den vier Evangelien und den Abschnitt 1. Korinther 15,1–11 über die Auferweckung Jesu Christi von den Toten.

29 So steht es in Johannes 14,9, ähnlich in Matthäus 11,27 und Johannes 12,45. Aus dieser Gewissheit heraus hat Jesus gesprochen und gehandelt.

30 Das steht so in Matthäus 1,18–25 und Lukas 1,35–38.

31 So heißt es in Johannes 1,12 f.: „Wie viele ihn aber aufnahmen, denen gab er Macht, Gottes Kinder zu werden: denen, die an seinen Namen glauben, die nicht aus menschlichem Geblüt noch aus dem Willen des Fleisches noch aus dem Willen eines Mannes, sondern aus Gott geboren sind."

32 So wird das in Hebräer 1,2 f. gesagt, ähnlich in Kolosser 1,15.

IV. Gott ist in uns gegenwärtig durch seinen Heiligen Geist

33 Die neutestamentlichen Aussagen über den Heiligen Geist sind knapp zusammengefasst im 3. Artikel des Apostolischen Glaubensbekenntnisses (siehe oben S. 32).

34 So steht es in Johannes 4,24 a und 2. Korinther 3,17 a.

35 So steht es in 1. Korinther 2,10–16.

36 Siehe dazu das Lied „Gott ist gegenwärtig. Lasset uns anbeten und in Ehrfurcht vor ihn treten. Gott ist in der Mitte. Alles in uns schweige und sich innigst vor ihm beuge. Wer ihn kennt, wer ihn nennt, schlag die Augen nieder; kommt ergebt euch wieder" (EG 165,1).

37 So steht es in Römer 8,11 gleich zweimal.

38 Paulus spricht von Charismen, das heißt von Gnadengaben (Römer 12,4–8 und 1. Korinther 12,4–31).

39 Dazu gehören aber auch außergewöhnliche Fähigkeiten wie die sogenannte Zungenrede, die mit einem Fremdwort „Glossolalie" genannt wird. Menschen sprechen, lallen oder singen dabei im Zustand der Ekstase Worte, die für andere in der Regel unverständlich sind. Paulus beschäftigt sich mit dem Thema „Zungenrede" vor allem in 1. Korinther 14,1–33 und 39 f. und weist darauf hin, wie wichtig es ist, dass ihr Inhalt auch anderen Menschen verständlich gemacht wird.

V. Gott der Schöpfer

40 In der Bibel kommt diese Aussage an zahlreichen Stellen vor, z. B.
    1. Mose 1,1; 14,19 und 22; 2. Könige 19,15; 2. Chronik 2,11 und öfter.
    Im ersten Artikel des Apostolischen Glaubensbekenntnisses heißt es:
    „Ich glaube an Gott, den Vater, den Allmächtigen, den Schöpfer des
    Himmels und der Erde", und im ersten Artikel des Nizänischen
    Glaubensbekenntnisses: „Wir glauben an den einen Gott, den Vater,
    den Allmächtigen, der alles geschaffen hat, Himmel und Erde, die
    sichtbare und die unsichtbare Welt." Wörtlich übersetzt heißt es: „das
    Sichtbare und das Unsichtbare".

41 Siehe dazu vor allem die Aussage: „Gott ist Liebe" aus 1. Johannes 4,8
    und 16, die aber auch in vielen anderen Texten (z. B. in Chorälen)
    vorkommt.

42 So sagt Paulus in Römer 1,18: „Denn Gottes Zorn wird vom Himmel
    her offenbart über alles gottlose Leben und alle Ungerechtigkeit der
    Menschen, die die Wahrheit durch Ungerechtigkeit niederhalten."

VI. Der christliche Glaube an den dreieinigen Gott

43 Ein gern gebrauchtes Beispiel für das Verhältnis von Einheit und Ver-
    schiedenheit ist das Molekül H_2O, das uns in flüssiger Form als Wasser,
    in fester Form als Eis und gasförmig als Wasserdampf begegnet. Aber in
    allen Formen hat es dieselbe Substanz. Eine Schwäche dieses Vergleichs
    liegt jedoch darin, dass die verschiedenen Formen von H_2O sich (durch
    Erwärmung oder Abkühlung) ineinander verwandeln können. Das passt
    nicht zur Trinitätslehre.

44 So sagt Luther es in seinem Kleinen Katechismus, der veröffentlicht ist
    in den Bekenntnisschriften der evangelisch-lutherischen Kirche (Unser
    Glaube, S. 471) und in vielen Gesangbuchausgaben (siehe oben S. 42).

45 So steht es in Matthäus 16,16 f.

46 So z. B. Johannes 14,16 f.; Römer 8,16; 1. Korinther 2,10–12; 2. Korinther
    1,22; Epheser 1,13 f.

47 Martin Walser schreibt in seinem Buch: Über Rechtfertigung. Eine Versuchung, Reinbek 2012, S. 81: „Wenn ich von einem Atheisten, und sei es einem ‚bekennenden‘, höre, dass es Gott nicht gebe, fällt mir ein: Aber er fehlt. Mir." Das klingt wie ein Ausdruck der Sehnsucht nach dem Glauben an Gott.

48 So steht es in 1. Timotheus 2,4. Dasselbe ist auch überall dort vorausgesetzt, wo im Neuen Testament von Gottes umfassendem Heils- und Liebeswillen die Rede ist, z. B. Johannes 3,16; Römer 8,32; 2. Korinther 5,19 und 1. Johannes 4,9.

VII. Gottes Wirken in der Welt

49 Zu denken ist dabei an die Erzählung von Josua, der der Sonne erfolgreich gebietet, still zu stehen (Josua 10,12), oder an die Erzählung von Elia, bei dem ein Beil aus Eisen schwimmt (2. Könige 6,5 f.) oder an die Erzählung von Hiskia, der erlebt, dass aufgrund eines Prophetenwortes der Schatten an der Sonnenuhr rückwärts läuft (2. Könige 20,10 f.).

50 Das gilt auch, wenn es erhofft oder erbeten wurde.

51 Es handelt sich in der Regel um eine heilende, rettende, bewahrende oder beglückende Bedeutung. Aber ein Wunder kann auch eine aufschreckende, warnende Bedeutung haben. Immer hat es aber eine *positive* Bedeutung.

52 Alle diese Merkmale sind unserer Erfahrung zu entnehmen, wie sie z. B. in Psalm 107 beschrieben wird.

53 Das Gebet Jesu im Garten Gethsemane: „Abba, Vater, alles ist dir möglich; nimm diesen Kelch von mir; doch nicht, was ich will, sondern was du willst!" (Markus 14,36), zeigt den konkreten Ernstfall der Bitte, dass Gottes Wille geschehe wie im Himmel so auf Erden.

54 Siehe dazu Lukas 11,13: „wie viel mehr wird der Vater im Himmel den Heiligen Geist geben denen, die ihn bitten!"

VIII. Die Kirche als die Gemeinschaft des Glaubens

55 Der lateinische Begriff „sacramentum", von dem das deutsche Wort „Sakrament" abgeleitet ist, ist die Übersetzung des griechischen Begriffs „Mysterium", das „göttliches Geheimnis" und „heilige Handlung" bedeutet.

56 In § 5 der Badischen Unionsurkunde wird mit folgenden Worten definiert, was ein Sakrament ist: „Eine heilige und kirchliche Handlung, gestiftet von unserm Herrn und Heiland Jesus Christus, in welcher uns unter sichtbaren Zeichen unsichtbare Gnaden und Güter dargestellt und gegeben werden."

57 Er ist in Matthäus 28,19 überliefert (siehe S. 66).

58 Das wird im Neuen Testament an mehreren Stellen überliefert. In den Evangelien steht die Einsetzung des Abendmahls in Matthäus 26,26–28; Markus 14,22–24 und Lukas 22,19 f. Die älteste Überlieferung findet sich in 1. Korinther 11,23–26: „Der Herr Jesus, in der Nacht, da er verraten ward, nahm er das Brot, dankte und brach's und sprach: Das ist mein Leib für euch; das tut zu meinem Gedächtnis. Desgleichen nahm er auch den Kelch nach dem Mahl und sprach: Dieser Kelch ist der neue Bund in meinem Blut; das tut, sooft ihr daraus trinkt, zu meinem Gedächtnis."

59 Die Taufe wird in den christlichen Kirchen teilweise als Besprengung mit Wasser, teilweise als Untergetauchtwerden ins Wasser praktiziert. Die Besprengung bringt den Aspekt des Abgewaschenwerdens von der Sünde zum Ausdruck, von dem etwa in Apostelgeschichte 22,16 die Rede ist. Das Untergetauchtwerden betont den Aspekt des Sterbens und Auferstehens mit Christus, von dem Römer 6,3 f. spricht.

60 Paulus sagt in Römer 10,17: „So kommt der Glaube aus der Predigt, das Predigen aber durch das Wort Christi." Vergleiche dazu Luthers Auslegung des 3. Glaubensartikels im Kleinen Katechismus (hier S. 42) und Artikel 5 des Augsburgischen Bekenntnisses (hier S. 56). Die Unterscheidung zwischen der Verkündigung als *hörbarem Wort* und dem Sakrament als *sichtbarem Wort* geht auf den Kirchenvater Augustin zurück.

61 Diese Formulierung entstammt der lateinischen Fassung des 5. Artikels des Augsburgischen Bekenntnisses („ubi et quando visum est Deo"). In der deutschen Fassung heißt es allerdings: „wo und wenn er will" (siehe Unser Glaube, S. 49). Zwischen dem „wann" und dem „wenn" besteht ein erheblicher Unterschied.

IX. Der Auftrag der Christen in der Welt

62 Dazu kann auch gehören: der Besuch von Kirchentagen, Taizetreffen, ökumenischen Aktivitäten u. a.

63 Siehe Matthäus 25,35–40.

64 Die politische Freiheit als das Selbstbestimmungsrecht, auf das jeder Mensch als *Geschöpf* und *Ebenbild Gottes* ein Anrecht hat, darf nicht verwechselt oder gleichgesetzt werden mit der Freiheit eines Christenmenschen, zu der uns Christus befreit hat, so dass wir Gottes *Kinder* sind.

X. Christliche Hoffnung über den Tod hinaus

65 Die Tochter des Jaïrus (Markus 5,21–43), den Jüngling zu Nain (Lukas 7,11–17) und Lazarus (Johannes 11,1–45).

66 Das ist Jesu Argument gegen die Sadduzäer, die glauben, es gebe keine Auferstehung der Toten (Markus 12,18–27). Jesus bezieht sich dabei auf die Selbstvorstellung Gottes an Mose (von der 2. Mose 3,6 berichtet); „Ich bin der Gott Abrahams und der Gott Isaaks und der Gott Jakobs", die doch alle drei schon lange gestorben sind. Aber Gott *war* nicht nur deren Gott, sondern er *ist* es; denn „Gott ist nicht ein Gott der Toten, sondern der Lebenden" (Markus 12,27). Den Sinn dieser Aussagen fasst das Lukasevangelium gut zusammen in dem kurzen Satz: „ihm leben sie alle" (Lukas 20,38).

67 Ganz vom alttestamentlichen Denken geprägt sind die Hoffnungs-aussagen, die von einem universalen Friedensreich auf Erden sprechen, in das auch die Tiere einbezogen sind (Jesaja 11,6–9 und 65,25).

68 So z. B. in Matthäus 8,11; 25,1–13; Markus 14,25; Lukas 13,29.

69 1. Korinther 15,42–45 und 51–53 sowie Philipper 3,21.

70 Darauf weist die biblische Verheißung eines neuen Himmels und einer neuen Erde hin: Jesaja 65,17 und 66,22 sowie 2. Petrus 3,13.

71 So sagt Jesus: „Das ist aber der Wille dessen, der mich gesandt hat, dass ich nichts verliere von allem, was er mir gegeben hat, sondern dass ich's auferwecke am Jüngsten Tage" (Johannes 6,39), und in 1. Timotheus 2,4 heißt es von Gott, dass er „will, dass alle Menschen gerettet werden und sie zur Erkenntnis der Wahrheit kommen".

72 Die Bibel enthält dazu unterschiedliche Aussagen, die teilweise einen zweifachen Ausgang des Gerichts, teilweise eine Errettung aller Men-schen voraussetzen. Gemeinsam ist die Gewissheit, dass Gottes Gericht mit seiner vollkommenen Gerechtigkeit und Gnade übereinstimmt.

73 Matthäus 7,1; Lukas 6,37; 1. Korinther 4,1–5; Jakobus 5,9.

74 So heißt es im Apostolischen Glaubensbekenntnis, dass Jesus Christus „sitzt zur Rechten Gottes, des allmächtigen Vaters; von dort wird er kommen, zu richten die Lebenden und die Toten". In den Evangelien ist immer wieder von Jesus Christus die Rede, der am Ende der Zeiten als Menschensohn zum Gericht kommen wird (so z. B. Matthäus 16,27 und Markus 8,38). Ebenso sagt Paulus in 1. Korinther 4,4–5: „der Herr ist's aber, der mich richtet. Darum richtet nicht vor der Zeit, bis der Herr kommt, der auch ans Licht bringen wird, was im Finstern verborgen ist, und das Trachten der Herzen offenbar machen wird. Dann wird auch einem jeden von Gott Lob zuteilwerden." Für das Neue Testament war es eine tröstliche Gewissheit, dass der kommende Richter kein anderer sein wird als der schon gekommene Retter: Jesus Christus.

75 So heißt es in Hebräer 9,27: „Und wie den Menschen bestimmt ist, *einmal* zu sterben, danach aber das Gericht: so ist auch Christus *ein-mal* geopfert worden, die Sünden vieler wegzunehmen; zum zweiten Mal erscheint er nicht der Sünde wegen, sondern zur Rettung derer, die ihn erwarten." Dazu passt es, dass im Neuen Testament immer

wieder gemahnt wird, wachsam zu sein und die uns gegebene Lebenszeit zu nützen.

76 Als Beispiel kann man den Aufdruck auf Zigarettenpackungen nehmen: „Rauchen kann tödlich sein." Das ist keine Drohung, sondern eine Warnung. Der atomare Erstschlag ist dagegen eine – schreckliche – Drohung.

77 Paulus verwendet dafür in 1. Korinther 3,12–15 das Bild vom Jüngsten Gericht als einem Feuer, in dem das Werk jedes Menschen auf seine Beständigkeit und seinen Wert hin geprüft wird.

78 So hat Paulus es in seinem Hohen Lied der Liebe formuliert: 1. Korinther 13,13.

Bildnachweis

Titel

pixabay.com

I. Menschen fragen nach dem Sinn des Lebens

Seite 16: www.chrismonshop.de (oben links); depositphotos (oben rechts);
Urs Häusermann, fototours.ch (unten rechts)
Seite 18: wikimedia
Seite 20: contrastwerkstatt/stock.adobe.com (links oben);
Kzenon/stock.adobe.com (rechts oben);
Lev Dolgachov/stock.adobe.com (unten)

II. Gottes Gebote und unser menschliches Verhalten

Seite 22: Steffen Beuthan/mauritius images
Seite 24: Marc Chagall/VG Bild-Kunst
Seite 26: www.denkwege-zu-luther.de (Foto: Archiv Josef Walch)
Seite 28: Ulrich Henn
Seite 30: Mr. Nico/photocase.de

III. Gott offenbart sein Wesen in Jesus Christus

Seite 34: wikipedia
Seite 36: Philippe Maillard/akg-images
Seite 38: Erich Lessing/akg-images

V. Gott der Schöpfer

Seite 46: akg-images
Seite 50: Erich Lessing/akg-images

VI. Der christliche Glaube an den dreieinigen Gott

Seite 52: iStock/Brilt

Seite 58: Erlanger Verlag für Mission und Ökumene

VII. Gottes Wirken in der Welt

Seite 60: rohulya/photocase.de

VIII. Die Kirche als die Gemeinschaft des Glaubens

Seite 66: Highwaystarz-Photography/iStockphoto

Seite 68: epd

Seite 70: akg-images

Seite 72: akg-images

Seite 74: akg-images

IX. Der Auftrag der Christen in der Welt

Seite 78: Verein Thomaskirche-Bach 2000 e. V. (Foto. Matthias Knoch)

Seite 82: Sieger Köder, Vorlage: Schwabenverlag Ostfildern

X. Christliche Hoffnung über den Tod hinaus

Seite 86: Foto aus Privatbesitz

Seite 88: Sieger Köder-Stiftung Kunst und Bibel, Ellwangen

Notensatz

Frank Litterscheid, www.notensatz.biz

Christoph Kähler

**Ein Buch
mit sieben Siegeln?**

Die Bibel verstehen
und auslegen

*Theologie für die Gemeinde
(ThG) | II/3*

128 Seiten | 12 x 19 cm
Paperback
ISBN 978-3-374-03192-4
EUR 9,90 [D]

Die Bibel ist das Buch, das weltweit am meisten verbreitet und übersetzt worden ist. Viele Menschen in fast allen Kulturen finden in ihr Trost, Rat und Mahnung; ja, für sie ist die Bibel Gottes Wort. Andere haben Mühe, Zugang zu der fremden Welt der Bibel zu finden. Wie passen schöne und eindringliche Worte mit verstörenden Texten zusammen? Gibt es einen direkten Zusammenhang zwischen dem Alten und dem Neuen Testament oder zwischen Schriften, die sich auf den ersten Blick widersprechen? Für Christen stellt sich die Frage, welche Wahrheit in der Bibel zu finden ist und wie man sie erschließen kann. Die hier vorgelegten Überlegungen wollen das eigenes Verständnis der Bibel fördern.

EVANGELISCHE VERLAGSANSTALT
Leipzig   www.eva-leipzig.de

Tel +49 (0) 341/ 7 11 41 -44   shop@eva-leipzig.de

Fabian Vogt

FEIER die TAGE

Das kleine Handbuch
der christlichen Feste

144 Seiten | 13,5 x 19 cm
Paperback
ISBN 978-3-374-05309-4
EUR 10,00 [D]

Schon immer feiern Menschen das Leben – und Gott. Mit aller Leidenschaft. So entstand nach und nach der große Jahreskreis der Feste: von der Geburt an Weihnachten über den Neuanfang an Ostern bis zur Hoffnung, die über den Tod hinausreicht, am Ewigkeitssonntag.

Auf höchst unterhaltsame Weise zeigt Fabian Vogt, wie die zeitlose Kraft der christlichen Feste es ermöglicht, das Leben auch heute mit allen Sinnen zu feiern. Ein ungemein anregendes Lesevergnügen!

EVANGELISCHE VERLAGSANSTALT
Leipzig   www.eva-leipzig.de

Tel +49 (0) 341/ 7 11 41 -44   shop@eva-leipzig.de

Fabian Vogt

Gott für Neugierige

Das kleine Handbuch
himmlischer Fragen

144 Seiten | 13,5 x 19 cm
Paperback
ISBN 978-3-374-04266-1
EUR 9,95 [D]

Was ist eigentlich »Glauben«? Existiert Gott wirklich? Hat
das Leben einen Sinn – oder macht das alles nur noch kom-
plizierter? Ist Vergebung eine Sünde wert? Warum gibt es
so viel Leid in der Welt? Braucht man bei »Dreifaltigkeit«
eine Hautcreme? Und: Kann im Himmel auch mal die Hölle
los sein?

Fabian Vogt gibt Antworten: Fundiert, übersichtlich und
dabei höchst unterhaltsam entschlüsselt er die großen The-
men der Theologie und macht Lust, den eigenen Fragen auf
den Grund zu gehen.

EVANGELISCHE VERLAGSANSTALT
Leipzig   www.eva-leipzig.de

Tel +49 (0) 341/ 7 11 41 -44   shop@eva-leipzig.de

Joachim Köhler

Luther!

Biographie eines Befreiten

408 Seiten | 13 x 21,5 cm
Hardcover mit Schutzumschlag
farbiger Bildteil
ISBN 978-3-374-04420-7
EUR 22,90 [D]

»Christsein heißt, von Tag zu Tag mehr hineingerissen werden in Christus.« Dieses leidenschaftliche Bekenntnis des Reformators steht im Mittelpunkt dieser brillanten Biographie, die Luthers dramatische Entwicklung in drei Stadien – Bedrängnis, Befreiung und Bewahrung – darstellt. Mit Sympathie und beeindruckendem psychologischen Gespür lässt der Autor den Glaubenskämpfer lebendig werden.

EVANGELISCHE VERLAGSANSTALT
Leipzig   www.eva-leipzig.de

Tel +49 (0) 341/ 7 11 41 -44   shop@eva-leipzig.de